AF598213

Surprises au manoir

Sabrina Rolhion

Surprises au manoir

Théâtre

LE LYS BLEU
ÉDITIONS

© Lys Bleu Éditions – Sabrina Rolhion

ISBN : 979-10-422-1633-7

Le code de la propriété intellectuelle n'autorisant aux termes des paragraphes 2 et 3 de l'article L.122-5, d'une part, que les copies ou reproductions strictement réservées à l'usage privé du copiste et non destinées à une utilisation collective et, d'autre part, sous réserve du nom de l'auteur et de la source, que les analyses et les courtes citations justifiées par le caractère critique, polémique, pédagogique, scientifique ou d'information, toute représentation ou reproduction intégrale ou partielle, faite sans le consentement de l'auteur ou de ses ayants droit ou ayants cause, est illicite (article L.122-4). Cette représentation ou reproduction, par quelque procédé que ce soit, constituerait donc une contrefaçon sanctionnée par les articles L.335-2 et suivants du Code de la propriété intellectuelle.

Les personnages

✓ **ARCHIBALD :** Duc de Poirail, fils de Marie-Antoinette, 46 ans, gentil, maladroit, s'exprime bizarrement. Secrètement amoureux de Louise.

✓ **LA DUCHESSE :** Marie-Antoinette, mère du Duc, essaye d'être sévère et chic.

✓ **LA GRAND-MÈRE :** Elisabeth, la Baronne de Poirail, mère de la Duchesse. Moqueuse et espiègle.

✓ **LOUISE :** La bonne du manoir. 31 ans. Timide, distraite et maladroite, mais serviable et téméraire. Secrètement amoureuse d'Archibald.

✓ **THOMAS : OUVRIER 1**

✓ **ALEXIS : OUVRIER 2**

Sont tous les deux en combinaisons de travail avec le nom de l'entreprise en gros devant et derrière : « Boss and Co Réparation ». Employés par Monsieur Dugenou, le Patron. Joyeux lurons.

✓ **MARIE-CASSANDRE :** Petite sœur d'Archibald. 28 ans. Très observatrice et intelligente.

✓ **LE PATRON :** Monsieur Dugenou, 56 ans, patron de « Boss and co Réparation » et de « Boss and Co Production ».

✓ **IRENE :** La dompteuse de lions. N'a pas froid aux yeux.

✓ **SANDRA :** La funambule.

✓ **LE ZOMBI :** Habillé, maquillé comme Mickaël Jackson dans « Thriller ».

✓ **LE CLOWN :** Habillé, maquillé comme le clown du film d'horreur « ça ».

✓ **MLLE BISCOTTE** : La prétendante. 55 ans. Habillée de façon vieillotte et d'allure sévère. Parle sec, se plaint, ne sourit pas.

Le décor et les sorties

✓ Scène : salon avec fauteuil style ancien, cadre du père le 1er Duc accroché, une cheminée, des candélabres, un miroir ou chevalet, de l'argenterie, un trône (des toilettes avec un panneau « trône », le tout caché au début par une couverture), un paperboard sous une tenture aussi. Une cloche suspendue côté jardin. Deux tables : une grande et une plus petite et basse. Grande table positionnée côté sortie vers la cuisine, petite table au-devant de la scène, même côté. Porte-manteau près de la porte d'entrée. Possibilité de rajouter tout objet de décoration à connotation « noblesse ».

✓ Côté cour : salle des miroirs et chambres.

✓ Fond de la scène, à gauche : porte donnant sur le couloir d'entrée.

✓ Fond de la scène, à droite : accès vers greniers et salle des morts (si pas de deuxième porte sur le fond, mettre côté cour).

✓ Côté jardin : cuisine et jardins.

Acte 1

1re scène

Le Duc est sur un marche-pied. La Duchesse lui ajuste une sous-robe en dentelle, avec épingles à nourrice, épingles à couture, et mètre-ruban. Comme pour une mariée. Un miroir sur pied devant.

La Grand-Mère dans un fauteuil roulant, dormant (ou faisant semblant), la tête pend en avant. La petite sœur sur le fauteuil en position dubitative et un peu amusée.

La Bonne tenant la boîte d'épingles, le ruban du mètre, assistant la Duchesse.

LA DUCHESSE : Allons, allons, mon très cher Archibald, veuillassez ne point bouger ; de sorte que je puisse terminer cette tâche au plus vite et vous ajustationner ce raccord aux genoux des plus convenables.

ARCHIBALD : D'accord mère, j'ai compris : vous me demandez de ne pas déplacer mon axe de géométrie pour éviter de me coudre les genoux au carré !

LA DUCHESSE : *le regarde, décontenancée* : Heu oui, c'est cela même…

MARIE-CASSANDRE : Approximativement…

LA DUCHESSE : *s'agitant un peu* : Il serait fort appréciable que nous ne perdissâmes point plus de notre précieux temps afin de recevoir comme il se doit votre prétendante. Vous devrez BRILLER très cher.

MARIE-CASSANDRE : « que nous ne perdions » suffira mère…

LA DUCHESSE : Vous n'y connaissez rien en langue française, ma petite Marie-Cassandre, écoutez-moi bien plutôt et apprenez.

ARCHIBALD : J'veux bien briller moi… scintillonner… chatoyonner… étincelonner… ou même reluire si vous voulez mère… mais voyez-vous, dans cette tenue je ne suis pas sûr que…

Et d'abord, rappelez-moi : pourquoi est-ce que je dois briller au fait ?

LA DUCHESSE : *se relevant à sa hauteur, ennuyée, la voix tremblante de terreur :* Voyons, très cher, dois-je vous rappeler le contenu du courrier O-FFI-CIEL de la reine que nous venons de recevoir ?

Elle va chercher le courrier sur les genoux de la grand-mère qui émet un grand bruit de ronflement et le tend sous le nez du Duc :

Je lis : « Monsieur le Duc de Poirail, deuxième du nom, je vous prie de bien considérer le fait que, sans preuve d'une descendance à venir fournie d'ici la fin du mois prochain, le manoir ci-nommé "Poirail Land" vous sera destitué, repris pour les besoins et projets artistiques de la cour royale. Bien majestueusement, Alphonsine -Yvette II, Reine de France. ». Comprenez-vous Archibald ? Il nous reste un mois !

ARCHIBALD : Ha ben oui alors, dit comme ça… heu… c'est… plus… ou moins… clair. Hein ?! heu… un mois ? Un mois pour faire quoi ?

LA DUCHESSE : *continuant sur sa pensée…* : Un mois, et une seule jeune fille ayant bien voulu faire l'effort de vous rencontrer Archibald… *appelant la bonne* : Louise ! Louiiiiiiise !

MARIE-CASSANDRE : *prend le courrier des mains de sa mère :* Fais voir ! *et retourne le lire scrupuleusement sur son fauteuil.*

ARCHIBALD : Mais pourquoi est-ce qu'il faut que je rencontre…

MARIE-CASSANDRE : *le coupant :* Tu dois te marier et faire un bébé au plus vite sinon nous serons dépossédés de Poirail Land par la Reine.

ARCHIBALD : Hein !?

LA DUCHESSE : Louiiiiiiiise !

LOUISE : *accourt de la cuisine, en tenue de bonne austère (robe longue, tablier…) avec de la farine sur le visage et dans les cheveux, un rouleau à pâtisserie à la main* : Madame, vous m'avez demandée ?

LA DUCHESSE : Mademoiselle Louise, je vous prie de bien vouloir prestement réunir les divers éléments de constitution d'apparat du meilleur effet pour mon fils le Duc de Poirail deuxième du nom. Sortez le kit « splendeur ». Vous voyez ce que je veux dire…

LOUISE : Oui Madame, je m'en vais quérir le kit complet « splendeur » Madame. *Elle se dirige vers la salle des miroirs côté cour.*

ARCHIBALD : *apeuré* Oh non, mère. Pitié ! Pas le « kit splendeur » ! ça me donne l'air benêt.

LA DUCHESSE : Louise ! Il serait heureux que vous n'oubliassiez point le chapeau flamboyant du Duc de Poirail premier du nom…

LOUISE : Oui, Madame, le chapeau flamboyant, vous pouvez compter sur moi pour bien tout réunir.

MARIE-CASSANDRE : Oh le plus dur ce n'est pas de tout réunir… c'est de tout faire tenir ! On va encore bien se marrer ! *Au Duc* : Courage Archi, je suis de tout cœur avec toi !

ARCHIBALD : *la mine déconfite* : Hoooo… non…

MARIE-CASSANDRE : *réveillant la grand-mère et parlant bien fort* **:** Hé mamie ! Réveille-toi !

LA GRAND-MÈRE : Mmmmmm ?

MARIE-CASSANDRE : *bien fort* : Séance « kit splendeur » (*elle mime les guillemets)* dans quelques secondes, mamie ! Tu veux pas louper ça ?! Mère essaye de déguiser Archi pour son rendez-vous avec une prétendante.

LA GRAND-MÈRE : *parlera assez fort tout le temps, comme si elle était sourde* : Une prétendante ? Ah oui, le courrier… *regardant Archibald* : Hé ben ! Ce n'est pas gagné ! *à La Duchesse* : Ma fille, tu peux faire une croix sur Poirail Land ! Autant te faire à l'idée tout de suite. Nous finirons sous peu dans un taudis de Poirail…

LA DUCHESSE : Mère !

LOUISE : *revenant les bras chargés : robe, manteau, cape, traîne, bijoux clinquants, maquillage, collerette blanche en dentelle, bas blancs, guêtres, souliers vernis,* *miroir, grand chapeau avec grandes plumes bien visibles sur le haut des paniers, + d'autres chapeaux, et tout accessoire supplémentaire que l'on pourra trouver très voyant.*

Je crois que j'ai tout, Madame ! *Elle trébuche et tombe tout sur le Duc :* Oh !

ARCHIBALD : *gémissant en voyant tous les accessoires :* Ho noooon…

LA DUCHESSE : Où avez-vous donc la tête encore ma petite ? Dans la lune sûrement, comme toujours… *déterminée, comme en salle d'opération* : Très bien. Commençons la transformation.

Robe en dentelle !

LOUISE : *fouillant dans les affaires par terre :* Tenez Madame.

Pendant que la Duchesse fait enfiler la robe au Duc, on sonne à la porte d'entrée : Ding Dong

LA GRAND-MÈRE : *criant :* On a sonné, non ?

MARIE-CASSANDRE *court à la porte.*

LA DUCHESSE : *agitée* : Allons, ce n'est point Dieu possible, Melle Biscotte a insisté pour ne se présenter qu'à 12 h !

MARIE-CASSANDRE : *criant* : Entrez et suivez le couloir principal, c'est tout droit au fond !

ARCHIBALD : *agité, tremblant et rendant difficile l'enfilage de la robe :* Mère… Je vais avoir l'air couillon j'vous dis… … Et puis, je ne veux rencontrer personne ! Je suis déjà amou…

LA DUCHESSE : *le coupant :* Surveillez votre langage et tenez-vous tranquille Archibald !

MARIE-CASSANDRE : Deux voix m'ont répondu… deux voix d'hommes…

ARCHIBALD : *soulagé* : Ouf !

LA GRAND-MÈRE : *ragaillardie, avec soudain plus d'énergie, se redresse assise droite sur son fauteuil roulant, tout sourire :* Qu'est-ce que tu dis petite ? Des hommes ?

LA DUCHESSE : Manteau et chapeau flamboyant !

LOUISE : *idem, elle tombe tout ce qu'elle avait repris et cherche par terre en répétant :* Manteau et chapeau flamboyant… Tenez, Madame…

LA GRAND-MÈRE : Ha, mais oui, ce sont sûrement eux !

MARIE-CASSANDRE, LA DUCHESSE et ARCHIBALD : *en même temps* : Qui ça « eux » ?!

LA GRAND-MÈRE : Eh bien, Thomas et Alexis, mes deux nouveaux employés à tout faire !

MARIE-CASSANDRE : Tu recommences Mamie… Les derniers n'ont pas tenu une journée ! Avec ton sale caractère…

LA GRAND-MÈRE : *l'air malicieux* : Il est vrai que je leur en ai fait voir de toutes les couleurs.

LA DUCHESSE : Oui, comme à nous, mère…

LA GRAND-MÈRE : *très sévère :* Marie-Antoinette ! Une autre réflexion de ce genre et je te colle au lavage à la main du plancher du 2e grenier au-dessus de la salle des morts !

LA DUCHESSE : *tête basse, mais grommelant tout bas* : vivement que t'y croupisses toi aussi dans la salle des morts…

LA GRAND-MÈRE : Qu'est-ce que tu as dit ?

LA DUCHESSE : *plus fort :* Je disais, mère, « vivement que je finisse » et que « ce manteau n'est pas très raccord » … *À la bonne :* Bijoux et maquillage !

LA BONNE : *idem précédemment, tombe des affaires et cherche par terre en répétant* : Bijoux et maquillage… Voici Madame…

LA DUCHESSE : Voilà…

Elle *commence à mettre des colliers en or autour du cou du Duc, des broches pour tenir le manteau, des bracelets, puis sort le maquillage et met du rouge aux joues du Duc (en poudre).*

ARCHIBALD : Non, mère, non… Atchoum !

LA DUCHESSE : Allons, allons, tenez-vous tranquille.

LA DUCHESSE *veut ensuite lui mettre du fard aux yeux, mais le Duc se débat.*

ARCHIBALD : Non, non ! Mère, la dernière fois j'avais l'air d'une de ces poupées en bas de laine que vous gardez dans la salle des collections…

LOUISE : Madame… Si je puis me permettre : trop d'effets « flamboyants » ferait injustement de l'ombre à la beauté naturelle de votre fils. N'en convenez-vous point ?

LA DUCHESSE : *essaye de le maintenir en agrippant son manteau d'une main (et sa robe dessous, en la remontant) et en avançant progressivement le pinceau (qui devra être grand) de maquillage vers ses yeux :*

Certes, certes. Allons, laissez-vous faire très cher.

LOUISE : *faisant tomber un accessoire derrière le Duc :* Oh ! *Elle passe derrière lui et se penche pour ramasser l'objet.*

Le Duc se penche en arrière-côté pour éviter le fard aux yeux jusqu'à tomber de son marchepied en arrachant son manteau au passage et en tombant les 4 fers en l'air sur la bonne, aplatie au sol.

LA DUCHESSE : Archibald !

MARIE-CASSANDRE : Archi !

LA GRAND-MÈRE : Archibête va !

On frappe à la porte d'entrée – Marie-Cassandre va ouvrir. Les deux ouvriers entrent, avec chacun un gros sac à outils.

THOMAS : C'est un vrai labyrinthe votre couloir d'entrée ! Vous aviez dit « tout droit ?! »

ALEXIS : *en voyant Archibald en robe sur la bonne* : Ha ben on s'amuse bien ici !

LOUISE : *écrasée par Archibald qui peine à se relever, elle essaye de se soulever :* Archibald, si vous pouviez…

ARCHIBALD : *empêtré dans sa robe, il n'arrive pas à se relever et s'appuie sur Louise qui s'aplatit de nouveau au sol* : Oups, désolé Louise. Vous allez bien ?

LOUISE : *bruit étouffé* : Oui oui…

LA GRAND-MÈRE : Quand vous aurez fini de faire les andouilles, vous apprendrez que l'entreprise… heu… « Boss and Co Réparation », m'a contacté il y a quelques jours à peine pour me vanter les mérites de cette équipe de choc pour nos besoins en plomberie, jardinerie, ramonage et aménagement du manoir. Comme nous en avions grand besoin, je n'ai pas hésité une seule seconde à les engager, voyez-vous.

MARIE-CASSANDRE : oui, ils ont surtout de beaux muscles, hein, mamie !

LA DUCHESSE : Bon, eh bien, bienvenue à vous. Nous vous laissons traiter avec Mme la Baronne. Et par avance : bon courage ! Louise, laissons mère s'amuser avec ces messieurs et allons dans la salle des miroirs pour vêtir Archibald. Nous avons besoin à l'évidence de bien distinguer tous ses profils…

Ils sortent tous les trois côté cour, vers la salle des miroirs.

THOMAS : *à la grand-mère* : Madame. Alexis et Thomas pour vous servir.

Ils font tous les deux une révérence.

Par quoi souhaitez-vous que l'on commence ?

LA GRAND-MÈRE : Eh bien, voyez-vous, mes pieds me font terriblement souffrir dernièrement… trop de marche sans doute… un petit massage serait recommandé…

MARIE-CASSANDRE : Grand-mère ! Ne commence pas à embêter ces messieurs… *aux ouvriers* : Elle est un peu… « taquine », je vous prie de l'excuser. Venez, je pense que vous pouvez commencer par l'évier de la cuisine qui est bouché. Notre bonne, qui est aussi notre cuisinière, vous en sera très reconnaissante. La cuisine est attenante à cette pièce, prenez cette porte. Ah, et faites sonner cette cloche *(montrant une cloche suspendue côté droit de la pièce)* en cas de problème.

Les ouvriers sortent côté jardin en cuisine.

À la grand-mère : Grand-mère, suis-moi, je sens qu'Archi et Louise ont besoin de notre soutien dans la salle des miroirs, avec mère le pire est possible…

Elle prend le fauteuil roulant et emmène la grand-mère vers la sortie côté cour, puis se rappelle qu'elle a oublié le courrier de la reine sur son fauteuil, et retourne au salon.

Reprenant le courrier, réfléchissant : Hum… « Poirail Land » vous sera destitué, repris pour les besoins et projets artistiques de la cour royale… « Boss and Co Réparation » … mmm Bizarre, Bizarre… Tu ne trouves pas ça louche mamie ?

LA GRAND-MÈRE : Hein ?

MARIE-CASSANDRE : *ironique* : Ah ben oui, de toute façon tu n'entends rien mamie, n'est-ce pas ? Laisse tomber.

LA GRAND-MÈRE : Qu'est-ce que tu dis ?

MARIE-CASSANDRE : *bien fort :* Laisse tomber !

LA GRAND-MÈRE : *en colère :* Comment ça « t'as qu'à crever ! » Tu vas voir, petite insolente, si je me lève…

MARIE-CASSANDRE : Mais oui, mamie, mais oui…

Puis elle sort avec la grand-mère.

Les ouvriers entrent dans le salon pour examiner la cloche.

ALEXIS : Hé ! L'hurluberlu de petit-fils dont nous avait parlé la mémé, le fameux Duc, c'est ce zigoto en robes !

THOMAS : Eh bien, si c'est lui que le patron veut qu'on ridiculise, ça pas être trop dur ! Haha

Ils éclatent de rire tous les deux.

ALEXIS : Allez viens, faut au moins qu'on fasse semblant…

Ils examinent la cloche brièvement puis sortent côté cuisine.

2e scène

Ordre d'entrée : Zombi, clown, patron puis la dompteuse et la funambule, un par un.

LE ZOMBI : *passe la porte et crie derrière :* C'est bon ! C'est là !

LE CLOWN : *tenant un plan* : Vos plans du manoir sont corrects, Monsieur !

LE PATRON : *tient un clap de cinéma et à son dos est accroché un dossard de producteur de cinéma (avec un clap dessiné) marqué « Boss and Co Production ». Il regarde alentours, tourne le dos au public le temps de montrer le dossard, puis :* Parfait, personne.

Il court vite au coin avant de la scène faire comme s'il accrochait quelque chose en douce au rideau en faisant mine de regarder le public.

LE ZOMBI : Qu'est-ce que vous faites patron ?

LE PATRON : Rien, rien, je m'assurais qu'il n'y avait personne de ce côté-ci non plus…

La dompteuse de lions et la funambule arrivent dernière avec un petit temps de retard traînant plan, matériel de funambule (slake line et grande barre d'équilibre) et de dompteuse (fouet), caméra, gros micro au bout d'une perche, projecteur ou grosse lampe torche, parapluie à motifs, un matelas et une bâche ou couverture verte.

LA DOMPTEUSE : *ironique* : Ça va messieurs ? Pas trop dur ? Pas trop chargés ?

LA FUNAMBULE : c'est là qu'on va tourner ?

LE PATRON : *regardant son plan* : Normalement par-là, c'est la salle des miroirs et les chambres, ici, les greniers et la saaaaalllle des moooorts *(il accentue bien)* Bouhhhhhhh *Les autres se bidonnent.* Et par-là, la cuisine et le jardin.

TOUS : *fort* **:** Okay !

LE PATRON : Chuuuuuut !

Allez, dépêchons ! D'après mes renseignements, la famille se prépare à accueillir une prétendante pour le Duc, qui devrait arriver dans peu de temps. Tournons vite la scène de la chute et de la morsure ici puis nous monterons dans les greniers et la salle des morts pour la suite.

LE ZOMBI : Mais comment avez-vous été informé de tout cela, Monsieur ?

LE PATRON : Ne vous occupez pas de ça.

LE CLOWN : Vous avez l'air de bien connaître ce manoir en tout cas…

LE PATRON : C'est qu'il m'intéresse. Allez ! En place !

La funambule installe la bâche ou couverture verte et le matelas derrière, le clown et le zombi déposent la slake line sur la toile verte, la dompteuse place le projecteur ou lampe torche et le parapluie. Le patron s'apprête à filmer. La funambule se place sur la ligne.

LE PATRON : Tout le monde est prêt ?

TOUS : *fort :* Oui, Monsieur !

LE PATRON : Chuuuuuut !

Surprises au manoir 1re : ACTION !

La funambule est concentrée à tenir sur la bande posée au sol, comme en équilibre, avec sa barre, elle progresse très doucement.

LE CLOWN : *arrive derrière elle sur la corde imaginaire en disant d'une voix aiguë :* Je t'ai trouvé…

LA FUNAMBULE : Ha ! Au secours !

LA DOMPTEUSE *avec son fouet, criant bien fort :* Oh mon dieu ! Le revoilà !

LE PATRON : COUPEZ ! Irène ! Chuuuut ! Ça va pas non ? Tu veux que tout le manoir t'entende ? Hurle doucement, voyons ! Allez, on la refait : surprises au manoir, 2e, ACTION !

LA DOMPTEUSE : *« criant » d'une toute petite voix* : Oh mon dieu ! Le revoilà ! Nous allons tous mourir ! Éléonore ! Non ! Tiens bon ! J'arrive !

Le patron filmera chacun, se rapprochera de la dompteuse quand elle parlera comme pour faire un gros plan.

LE CLOWN : Gnin gnin gnin.

LA FUNAMBULE : *essayant de se dépêcher de fuir sur la corde* : Haaaaaa

LE ZOMBI : *comme impatient, bavant :* Graw ! Miam miam…

LA FUNAMBULE : *agite les bras, perd l'équilibre et commence à simuler la chute de la corde, puis tombe en arrière sur le tapis vert.* Oh…oh….

LE PATRON : COUPEZ ! Sandraaaaaa ! Plus dramatique la chute, plus DRA-MA-TIQUE ! *Il soupire.* Haaa… Ce film doit cartonner, appliquez-vous. Allez, s'il te plaît, tu me la refais. Surprises au manoir, 3e, ACTION !

LA FUNAMBULE : *retourne sur la ligne, rejoue la scène de la chute plus dramatiquement. Cela prendra un bon moment de déséquilibre avant qu'elle ne tombe, et le clown montrera des signes d'impatience près d'elle attendant qu'elle veuille bien tomber* Ho… ho… ho… ho… oh non, je vais tomber… oh… oh… oh…

LE ZOMBI : *levant les bras, jubilant de joie puis se jetant sur la funambule à terre, lui mort le cou :* Grrrroaw !

LA FUNAMBULE : Oh non, oh secours, non, pas le cou, j'y tiens !

LE ZOMBI : Grrrrrraw !

LA DOMPTEUSE : *faisant claquer son fouet près du zombi :* Arrière, Mickaël Jackson !

LE ZOMBI : *relâchant la funambule et se tournant vers la dompteuse :* Grrrrrrr !

LA DOMPTEUSE : Tu crois que je ne t'ai pas reconnu ? J'étais une grande fan avant ta zombification !

Tu vas laisser Éléonore tranquille et tu vas m'obéir ! Allez, fais le beau !

LE ZOMBI : *grogne puis fait le beau (accroupi, levant les pâtes de devant, tirant la langue, et faisant un bruit de chien apeuré) :* Gnnnnnn.

LA DOMPTEUSE : Allez, maintenant tu me fais le moon walk, allez !

LE PATRON : COUPEZ ! OK, c'est bon, on a notre scène ! En rajoutant le vide sous la corde et la bande-son inspirée de l'Exorciste, ce sera parfait ! Merci les gars… heu… enfin merci à tous.

(pressé) Allez, ramassez-moi tout ça, on file aux greniers filmer la scène du clown qui dévore le zombi.

Le patron, le zombi et le clown partent par la porte donnant sur les greniers et la salle des morts, laissant tout le matériel de tournage à transporter aux filles.

LA FUNAMBULE ET LA DOMPTEUSE : *lèvent les bras, scandalisées :* Hé !

Pendant qu'elles rassemblent les affaires pour les transporter de nouveau, Marie-Cassandre revient au salon et, surprise, se cache derrière le WC/trône et écoute.

LA DOMPTEUSE : Ils abusent les gars…

En tout cas, c'est chouette ici, c'est mieux que mon taudis. Ça me plairait assez de jouer la bourgeoise !

LA FUNAMBULE : Hé ? Tu sais que le Patron aurait pu vivre dans un manoir comme ça en fait !

LA DOMPTEUSE : Qu'est-ce que tu racontes ?

LA FUNAMBULE : J'ai entendu dire que dans sa jeunesse il aurait eu une liaison avec une baronne !

LA DOMPTEUSE : Nan, c'pas vrai… ?

LA FUNAMBULE : Si, mais, comme il n'était pas noble, la famille de la baronne désapprouvait leur union et aurait fini par convaincre cette dernière de l'évincer. Je crois même avoir entendu dire qu'ils auraient eu un enfant ensemble… que la patronne n'aurait jamais revu depuis.

LA DOMPTEUSE : Aïe… Le pauvre… (*réfléchissant)* Mmm Tu crois que cela a un rapport avec tous les efforts qu'il déploie pour devenir à tout prix un célèbre producteur ? Et avec son insistance pour qu'avec Boss and Co Production, nous tournions les scènes principales de son prochain film dans un vrai manoir… dans CE manoir ?

LA FUNAMBULE : Je ne sais pas… peut-être… Tu penses que « Surprises au manoir » va cartonner et le rendre enfin célèbre ?

LA DOMPTEUSE : Ben… on est de très bons acteurs certes… et le scénario est intelligemment agencé… mais… j'sais pas…

LA FUNAMBULE : Bon, allons-y vite ! Ils ne nous auront pas attendus, bien sûr. T'as le plan ?

LA DOMPTEUSE : Oui c'est bon, allez !

Elles sortent aussi par la porte menant aux greniers et à la salle des morts.

MARIE-CASSANDRE : Boss and Co Production… ! De très bons acteurs… ? Mais… Oh !

Et leur patron aurait eu un enfant avec une baronne ? Mmmm…Oh !

Elle ressort côté salle des miroirs.

3e scène

THOMAS : *sortant de la cuisine* : Hé, t'as pas entendu du bruit dans le salon toi ?

ALEXIS : Héhé ! T'as peur des fantôoooooomes ?

THOMAS : Allez, arrête de faire l'andouille. Faut qu'on se tienne prêt à intervenir.

Se déplaçant jusqu'à la table : C'est bon, ça devrait arriver mmm… jusque-là ! Parfait.

Et toi, t'en es où ? ça va fonctionner ?

ALEXIS : Attends voir, si le Duc est bien positionné de ce côté de la table, ça sera un jeu d'enfant ! Héhé Oups ! Pardon, il m'a lâché des mains ! *(en mimant un gros et grand objet encombrant qu'il laisserait tomber sur le Duc)* Et paf ! La tête dans l'assiette ! Haha !

THOMAS : Haha !

Ils repartent côté cuisine.

Marie-Cassandre rentre avec la grand-mère dans son fauteuil.

MARIE-CASSANDRE : *fort :* Ha là là ! On s'est bien marrées encore cette fois mémé, pas vrai ?

LA GRAND-MÈRE : Ouais ouais, mais quand même, je m'inquiète pour ma…

Entrée de la Duchesse, fière d'elle.

LA DUCHESSE : Haaaa ! Il nous fallassâmes user de ruse et de patience, mais nous arrivassâmes au plus beau résultat. Nous pouvâmes être fiers de nous.

MARIE-CASSANDRE : Mère… Vous dîtes n'importe quoi.

LA DUCHESSE : Je me comprends, Marie-Cassandre, je me comprends…

Elle se retourne : Venez, Archibald, voyons !

Le Duc, penaud, sera déguisé avec robe de mariée, collerette, bijoux, maquillage, couronne de roi, voile devant les yeux, traîne, et ses armes (épées-bouclier ou autre sceptre…)

Il entrera timidement, ayant du mal à marcher avec ses talons, relevant sa robe de mariée. La bonne suivra en tenant son voile.

ARCHIBALD : Mère… je ne me sens pas bien là…

LOUISE : *en admiration devant la beauté du Duc, et tenant la traîne, marchera sur celle-ci et tombera dessus, l'arrachant.* Oups !

LA GRAND-MÈRE : Et voilà, j'en étais sûre ! Ils vont me la bousiller… Grand nigaud, je compte bien reporter cette robe un jour et danser devant un public en liesse alors s'il te plaît, prends en soin !

ARCHIBALD : Mais grand-mère…

LA DUCHESSE : Mon Dieu ! Louise ! Vous êtes tellement maladroite ! Comment vous a-t-on appris à vous tenir à la baronnie de Peisey ?

LOUISE : Madame, je vous prie de m'excuser, je rêvassais, je crois. Cela dit, puis-je me permettre de bien vous rappeler que je suis entrée à votre service très jeune et que je n'ai pu suivre aucun enseignement particulier depuis mon arrivée…

ARCHIBALD : Oui, mère… il serait peut-être temps d'octroyorder à Mademoiselle Louise un instructeur pluripatibulaire.

MARIE-CASSANDRE : Tu veux dire pluridisciplinaire ?

ARCHIBALD : Oui, c'est ça. Pour lui apprendre à marcher, mais aussi à cuisiner…

LA GRAND-MÈRE : *le coupant* : Ha ça oui… parce que le fameux sauté-cramé de lapin sauce pruneaux-cornichons, moi j'en peux plus !

ARCHIBALD : Et puis elle aurait besoin d'instructations aussi pour la couture, pour le ménage, pour le jardinage, et pour…

LOUISE : Heu… merci Archibald… Je crois que ça suffit, on a compris… C'est vraiment gentil, merci…

LA DUCHESSE : Eh bien, je vais y réfléchissassoner … *(tête d'incompréhension d'Archibald)*… réflexionnasser (*Archibald marque encore l'attente et l'incompréhension totale, cherchant à comprendre ce qu'elle veut dire…)*… Je vais étudier la question Archibald !

ARCHIBALD : Ha d'accord ! Merci Mère.

LOUISE : *regardera le Duc avec plein de reconnaissance admirative et s'inclinera devant la Duchesse :* Je vous en suis reconnaissante, Madame.

LA DUCHESSE : En attendant, Mademoiselle Biscotte va arriver dans une heure, il est temps de tout préparer pour la réceptionnasser correctement.

Bien. Êtes-vous tous tout ouïs ?

ARCHIBALD : Toutoui ?

MARIE-CASSANDRE : Mère veut dire « Est-ce que nous avons les oreilles bien tendues ? »

ARCHIBALD : Ah bon ? Ha d'accord alors… J'savais pas. « Toutoui » alors OK… Mais bon… *(en touchant ses oreilles) :* On peut pas dire que la déformation générique familiale se voit à ce point quand même...

LA GRAND-MÈRE : Qu'est-ce qu'il raconte le nigaud là ? Quelle déformation familiale ? Ah ça c'est sûr qu'il a pas hérité du meilleur celui-là !

(La Duchesse marque l'impatience)

LOUISE : Heu… Pardonnez mon intervention, mais… il me semble que ce que Mme la Duchesse voulait dire par « tout ouïs », c'était qu'elle souhaitait avoir toute notre attention, là, tout de suite, pour nous expliquer certaines choses.

ARCHIBALD : Ha ! Ben fallait le dire tout de suite !

LA DUCHESSE : Bon, vous êtes prêts ?

TOUS : *opinant :* Ouais !

LA DUCHESSE : Sachassiez tout d'abord que Mlle Biscotte soit la seule prétendante qui aya répondu à notre annonce.

... *Blanc*...

MARIE-CASSANDRE : Mère… Ça ne va pas le faire là… Nous ne comprenons rien à ce que vous dîtes. Parlez normalement si vous voulez que l'on vous suive.

LA DUCHESSE : Oui, bon, je disais donc que Mlle Biscotte est la seule prétendante qui a répondu à mon annonce… Enfin c'est la première… Peut-être que d'autres se décideront… Mais nous avons peu de temps, alors on va faire avec. Mlle Biscotte n'est pas n'importe qui, notez qu'elle a un aussi un titre ! d'une certaine noblesse… Elle a été élue… *découvrant le paperboard sous la tenture et prenant l'épée du Duc en guise de baguette pour pointer sur le tableau. Un 1er dessin grossier d'enfant représentant Mlle Biscotte très belle (grand nez en trompette, cheveux longs et robe de princesse sur un char les bras en l'air triomphant, avec une couronne et banderole marquée MISS et des confettis)*

… Miss Arlanc !

Gros blanc de tous, incrédules…

LA GRAND-MÈRE : C'est où ce patelin ? Connais pas. J'espère que c'est au moins une poireaute.

ARCHIBALD : Le village doit être tout petit, grand-mère, c'est pour ça…

MARIE-CASSANDRE : Ou alors mère a voulu dire : « miss – à – relent » … Genre championne des mauvaises odeurs !

Archibald, la grand-mère et Marie-Cassandre rient.

Entrée d'Alexis, de la cuisine, levant le doigt, s'approchant, voulant parler. La Duchesse ne l'a pas vu entrer dans le salon, car elle lui tourne le dos.

LA DUCHESSE : *fort* : Taisez-vous !

ALEXIS : Mais je n'ai pas encore parlé !

LA DUCHESSE : *se retourne :* Pas vous ! Eux ! Ils n'écoutent pas !

ALEXIS : *leur faisant la leçon* : Ha c'est paaaaas bien ça !

MARIE-CASSANDRE : On ne vous a pas sonné, vous. D'ailleurs *(montrant la cloche),* je ne vous avais pourtant pas dit de la sonner si vous aviez un souci ?

ALEXIS : *allant voir de plus près le dessin de Mlle Biscotte, et à Archibald :* Alors c'est elle que vous allez devoir épouser ? Woaw, elle est vachement beeeellle !

MARIE-CASSANDRE *: suspicieuse* : Tiens, comment savez-vous que mon frère doit épouser Mademoiselle ?

ALEXIS : *pris sur le fait, cherchant à inventer une excuse...* Ho et bien... mais vous l'avez dit vous-même ! On entend tout de la cuisine, vous savez !

Tous ont l'air OK avec sa réponse sauf Marie-Cassandre et Louise qui se regardent...

LOUISE : Mais !

ALEXIS : *la coupant* : J'étais venu vous demander si vous aviez pas une... *mimant une chose...* une... *criant vers la cuisine* : Ho Thomas !

THOMAS : *de la cuisine* : Ouais ! Quoi ?

ALEXIS : C'est quoi au fait le truc dont t'as besoin là... pour ramoner le conduit de l'évier ?

THOMAS : Un écouvillon !

ALEXIS : Ouais voilà c'est ça : un écouvillon. Vous auriez pas un outil comme ça quelque part des fois ?

LOUISE : Je vais essayer de vous aider…

ALEXIS : ma foi, si vous voulez bien me montrer ça en cuisine, je vous suis de près… *et il se met à suivre la bonne de près derrière elle.*

LA DUCHESSE : *rattrapant Alexis par le col :* Veuillassez bien nous excuser très cher… Mais nous voudriassions que Mademoiselle restasse ici même.

ALEXIS : Que Mademoiselle restasse ? Elle ne m'a pas l'air si fatiguée que ça, elle pourra restationner plus tard, je pense…

LA DUCHESSE : Quel idiot ! vous ne comprenez donc pas le français ?

ALEXIS : Il semblerait que nous ne parlions pas tout à fait le même…

LA DUCHESSE : Je veux que la bonne reste ici !

Puis, sortant un écouvillon de derrière le cadre photo du Duc 1er du nom suspendu au mur :

Tenez, voilà un écouvillon. Allez ramoner votre tuyau là et laissez-nous tranquilles.

Tous affichent la surprise. Alexis repart en cuisine.

MARIE-CASSANDRE : Mère, vous venez de sortir un écouvillon de derrière le cadre de feu notre père ? …

LOUISE : Ha, mais c'est celui que je cherchais partout depuis le mois dernier !

ARCHIBALD : Ça doit être en faisant la poussière avec… vous avez dû être interrompue en pleine action et l'oublier là derrière…

LOUISE : Ah ben oui ! Ah ben c'est ça ! *le regardant avec des étoiles dans les yeux* : Oh ! Comme vous êtes perspicace Archibald…

LA GRAND-MÈRE : Hé ben, il va avoir du boulot l'instructeur pluridisciplinaire…

LA DUCHESSE : *tapotant le paperboard avec l'épée* : Bon, revenassons à Mlle Biscotte.

MARIE-CASSANDRE : Stop ! Mère. Reprenez-vous s'il vous plaît ! Si vous voulez que nous comprenions quelque chose par pitié…

LA DUCHESSE : Très bien… utilisons votre langage… « familier » …

Alors, elle m'a envoyé une photo avec sa candidature. Sachez qu'elle est de TOU-TE beau-té, elle est dans la force de l'âge de la jeunesse mature… Elle est aussi très distinguée ; d'après sa lettre, ce dernier point se pressent particulièrement. Je suis ravie de t'annoncer mon fiston, que tu devrais couler des jours heureux avec cette merveilleuse Demoiselle et nous faire de beaux petits duchinets et duchinettes.

ARCHIBALD : Mais mère… puisque je vous dis qu…

LA DUCHESSE *: le coupant et tournant la feuille du paperboard faisant apparaître la feuille du dessous où sera dessiné le salon avec les éléments marquants de la situation envisagée par la Duchesse :* Alors, voici comment nous allons procéder :

Pendant ce temps, Thomas sera entré en reculant de la cuisine, tirant un tuyau de jardin au sol de façon la plus droite possible, doucement.

Tous se tournent vers lui.

LOUISE : Pardon Monsieur… mais qu'êtes-vous en train de faire ?

THOMAS : Oh, ne vous inquiétez pas, ne faites pas attention à moi. C'est pour user de délicatesse avec votre conduit d'évier. En utilisant la méthode de sortie progressive par capillarité via cet outil révolutionnaire…

MARIE-CASSANDRE : Ce tuyau d'arrosage ?!

THOMAS : Hum… Serait-ce peut-être le nom commun de cet outil ? Son nom savant voyez-vous est… *essayant de trouver une réponse…* … Tuya Capillaris !

LA GRAND-MÈRE : Tiens, c'est pas le nom du remède homéopathique que je prends contre la perte de mes cheveux ?

THOMAS : Je disais donc qu'avec cet outil fabuleux, dont notre entreprise a la maîtrise parfaite, l'opération brevetée suivante va permettre à la substance bouchante de s'écouler en débit ralenti, et ceci grâce aux forces de frottement directement intégrées dans l'épiderme de l'outil ! N'endommageant ainsi pas le conduit de l'évier.

LA DUCHESSE : Bon, bon, faites donc votre affaire. Vous autres : revenons à notre plan de bataille.

Thomas restera le plus longtemps possible faisant semblant de tirer très délicatement le tuyau plus loin et le rajustant souvent pour qu'il soit bien droit au sol. Il pourra sortir un mètre de sa poche pour faire semblant de prendre des mesures pour que le tuyau soit le plus droit possible. Son but sera d'écouter la conversation entière du plan de bataille.

Bon, voici le plan : Louise, à l'arrivée de Mlle Biscotte, tu l'inviteras à déposer son manteau ici. *Montrant le porte-manteau sur le plan. Thomas jettera un bref coup d'œil au porte-manteau près de la porte.*

LOUISE : Bien reçu Madame !

LA DUCHESSE : Marie-Cassandre : là, tu entames avec ton violon les 4 saisons de Vivaldi. L'été ! Concentre-toi sur l'été, c'est celui que tu réussis le mieux.

MARIE-CASSANDRE : *soufflant :* Est-ce bien nécessaire mère ?

LA DUCHESSE : Ne discute pas, il faut mettre toutes les chances de notre côté. Que Mlle Biscotte constate bien dans quelle famille cultivée et talentueuse elle met les pieds. Archibald : vous vous tiendrez bien droit sur votre trône et attendrez que Mlle Biscotte vienne vous faire le baise-main. *(elle montre le trône sur le plan toujours avec l'épée).* Est-ce que c'est compris ?

ARCHIBALD : *se dirigeant jusqu'au trône caché sous le drap***,** *drap qu'il enlève d'un coup, le public découvrant les toilettes avec l'inscription « trône »* OK, elle me baise sur le trône, j'ai compris.

LA DUCHESSE : Oui, la main Archibald, elle vous baisera la main ! Louise, suivez mes pas : vous la guiderez par des révérences dirigées vers Archibald *(elle mime les révérences dirigées jusqu'à Archibald, Louise la suit de près)* et lui proposerez sa main à baiser. *(elle prend la main de Louise et la colle brusquement sous le nez d'Archibald)* Comme cela, vous voyez ?

LOUISE : *rougissant, les yeux fixés sur sa main* : Oh oui oui Madame, je vois bien, d'accord, oui oui.

ARCHIBALD : Hum hum…

LA DUCHESSE : Bien. *Laissant retomber d'un coup la main de Louise et se tournant vers la grand-mère* : Et vous mère… : (*un temps de pause)* ... Surtout ne FAITES rien, ne DITES rien… et tout ira bien !

LA GRAND-MÈRE : *faisant semblant de n'avoir rien entendu* : Quoi ? Tu m'as parlé ?

LA DUCHESSE : *méfiante* : Ne faites pas l'innocente mère : aucune remarque désobligeante à propos de votre petit-fils, aucune allusion à notre patrimoine financier, aucune tentative de séduction des ouvriers, rien ! Retenez-vous deux heures dans votre vie si vous voulez pouvoir la finir dans ce manoir, c'est compris ?

LA GRAND-MÈRE : Oh là là… ce que tu peux être rabat-joie, ma pauvre fille…

LA DUCHESSE : Bon, une fois la main de Mlle Biscotte bien baisée, Marie Cassandre tu termines en apothéose ton œuvre violonesque en t'agenouillant aux pieds de Mlle Biscotte et…

MARIE-CASSANDRE : Oh, faut pas abuser non plus !

LA DUCHESSE : Marie-Cassandre !

MARIE-CASSANDRE : OK, OK…

LA DUCHESSE :… Et à ce moment, Archibald, vous entrez en scène !

ARCHIBALD : *méfiant* : Comment ça « j'entre en scène » ? Vous m'inquiétez mère…

LA DUCHESSE : Vous vous souvenez du poème que je vous fais réciter une fois par an pour votre anniversaire ?

ARCHIBALD : « L'ode au Valeureux Duc de Poirail » ?

LA DUCHESSE : Oui ! Celui-là même. Le seul que j'ai réussi à vous faire retenir d'ailleurs…

LA GRAND-MÈRE : Enfin presque… Si on ne tient pas compte de l'ordre des mots…

ARCHIBALD : Ça comment ?! L'ordre le respecter toujours je le peux !

LA GRAND-MÈRE : Mots d'ailleurs également bien souvent remplacés par ceux de son invention…

LOUISE : C'est qu'Archibald est très sensible à la poésie, il aime beaucoup les rimes !

LA GRAND-MÈRE : Ben voyons ! Le roi des absurdités, moi je vous dis !

LA DUCHESSE : Si si, il me semble que l'année passée, il arrivait enfin à le réciter correctement, pour ses 45 ans, mon brave petit. *Elle pince les joues du Duc.*

Eh bien aujourd'hui est le grand jour mon petit Archibald ! Je compte sur vous…

ARCHIBALD : Mais c'est pas mon anniversaire !

LA DUCHESSE : Nous allons faire comme si. Ce poème ne peut faire que le meilleur effet à Mlle Biscotte, qui tombera inévitablement sous votre charme. Croyez-en mon expérience. Feu votre père a gagné mon amour avec ce poème.

MARIE-CASSANDRE : *sournoisement* : Je croyais que c'était en pourfendant de ses propres mains un terrible grizzly prêt à vous dévorer dans « les bois hantés des confins du Royaume de Poirail » *(elle mime les guillemets et termine avec un ton mystérieux)*

LA DUCHESSE : Hum… Feu votre père préférait en effet cette version officielle…

ARCHIBALD : Oui et bien moi je n'ai ni l'invention de pourfender un horrible lizgry avec mes mains toutes propres ni de récitassionner ce fichu poème sans pneu ni crête !

LA GRAND-MÈRE : Ça y est, ça le reprend…

Thomas rit en cachette.

MARIE-CASSANDRE : Aïe Archi…

ARCHIBALD : Quoi !?

MARIE-CASSANDRE : Non, rien, on a compris ce que tu voulais dire, t'inquiète…

LA DUCHESSE : *inquiète* : Mon petit… Je crois que nous allons nous octroyasser un petit temps ensemble afin de révisionnasser notre beau poème avant l'arrivée de Mlle Biscotte…

MARIE-CASSANDRE : Mère ! Le français familier !

LA DUCHESSE : *reprenant* : Ah oui, désolée, je ne peux pas m'empêcher… Bon, donc vous lui réciterez cette ode, vous la charmerez et ensuite vous l'accompagnerez vers la table où vous la ferez asseoir avec délicatesse... *Elle va vers la table et montre la chaise attribuée à Mlle Biscotte, face au public au milieu* : Ici !

Thomas montre au public qu'il prend secrètement bien note de l'emplacement où devra être Mlle Biscotte.

Après une pause, vous lui annoncerez solennellement l'imminence du repas et lui présenterez théâtralement le menu. *Elle tourne une nouvelle page du paperboard avec les dessins des choses au menu : un calamar, une licorne et un Dahut.* Soupe de Calamar géant des Indes…, carbonade de Licorne et son coulis aux condiments africains… et entremet de Dahut sauce aux épices martiennes.

LA GRAND-MÈRE : *se bidonne :* Hahaha ! N'importe quoi, ma fille !

LOUISE : Mais Madame… Je pense que je vais avoir du mal à trouver une licorne pour ce midi…

LA GRAND-MÈRE : *se tord de rire :* Hahahaha !

Thomas rit aussi derrière.

ARCHIBALD **:** *en se léchant les lèvres* : Moi ça me paraît bien alléchant tout ça...

MARIE-CASSANDRE : Mère… dites-nous ce que vous avez derrière la tête…

ARCHIBALD : *passant derrière la Duchesse pour voir l'arrière de sa tête :* Je ne vois rien…

LA GRAND-MÈRE : *pleurera de rire :* Mwahahaha ! Mon Dieu, mais comment être aussi idiot ! Un jour, il va me faire MOURIR DE RIRE par sa bêtise celui-là !

LA DUCHESSE : *regardant le ciel et faisant un signe de croix :* Puissiez-vous exaucer ce vœu, amen.

LA GRAND-MÈRE : *se calme d'un coup et le regard noir* : Mais je suis coriace, je ne vais pas clamser pour si peu, rassurez-vous.

LA DUCHESSE : Hum, bon, vous avez fini ? Je peux vous expliquer ?

MARIE-CASSANDRE : Déjà la carbonade de licorne, ça sent le sauté-cramé de lapin à plein nez !

LA DUCHESSE : Effectivement, Marie-Cassandre : 1 point. Je vous prie de constater toute mon ingéniosité dans l'élaboration de ce menu :

L'entrée sera de la soupe de topinambours. Vu son haut niveau social, Mlle Biscotte ne doit jamais en avoir mangé ; nous lui dirons que c'est une soupe de calamar géant tout droit venu des Indes, cela devrait déjà l'impressionner.

La carbonade de licorne et son coulis aux condiments africains sera bien évidemment ton sauté-cramé de lapin sauce pruneaux-cornichons Louise… de toute façon c'est le seul plat ce que tu sais faire…

Et une crème renversée au caramel pourra bien passer pour un entremet de Dahut sauce aux épices martiennes ; elle n'a pas pu y mettre les pieds de toute façon donc impossible pour elle de savoir quel goût elles ont les épices sur Mars.

À Louise : Tu arriveras bien à nous faire ça ma petite Louise ? Une crème renversée, c'est dans tes cordes, n'est-ce pas ?

LOUISE : Je vais essayer Madame…

ARCHIBALD : Moi ça me va. J'adore le sauté-cramé de Mlle Louise… (*Louise est toute souriante)* ... alors que la licorne… pouah, ça ne me disait rien…

LA DUCHESSE : Bon, une fois le menu présenté, vous vous placerez tous à table. Mlle Biscotte donc ici, Archibald à côté d'elle ici *(tous les deux face au public, rappel : table située côté sortie cuisine),* moi-même ici *(côté de la table plutôt vers le centre de la scène, pas côté rideaux),* Marie-Cassandre et mère… sur cette petite table à côté *(elle montre une table basse devant la table des invités sur le devant de la scène).*

Marie-Cassandre, je compte sur toi pour tenir mère éloignée de Mlle Biscotte et d'Archibald, pour plus de sécurité…

MARIE-CASSANDRE : OK, je comprends.

LA GRAND-MÈRE : *à Marie-Cassandre :* Bon, alors on a notre coin rien que pour nous… on peut inviter nos adorables ouvriers à notre table alors ? *À Thomas* : Qu'est-ce que vous en pensez très cher ?

THOMAS : Manger en votre compagnie serait un de mes plus grands plaisirs, Madame…

D'autant que je voue une passion culinaire particulière pour les topinambours…

LA DUCHESSE : Il est hors de question de vous accueillir à table ! Notre invitée est de la plus haute importance. Nous vous laisserons une gamelle de soupe en cuisine et vous veillerez à ne surtout pas nous déranger. Et puis, vous en mettez bien du temps pour mettre en place votre outil révolutionnaire ! Allez, filez en cuisine ! Vous avez du pain sur la planche, il me semble !

Thomas retourne en cuisine en exagérant un petit coucou de la main à la Grand-mère.

LA GRAND-MÈRE : Je sens que je lui ai tapé dans l'œil !

MARIE-CASSANDRE : Ne commence pas à t'emballer mémé…

LA GRAND-MÈRE : Tu verras ma petite qu'un jour je vous laisserai tomber pour partir avec un beau prince charmant en tournée mondiale !

LA DUCHESSE : Bon, allez, fini d'écouter les sottises de mère. Avez-vous tous bien compris ce que vous devez faire pour recevoir Mlle Biscotte ?

Ha ! Dernière chose : Marie-Cassandre, Louise, mère : nous veillerons toutes à parler le moins possible. *Avec fierté :* Il faut laisser BRILLER notre Archibald.

Mlle Biscotte appréciera sans aucun doute le doux son mélodieux de la voix de mon petit et ses paroles n'auront que plus de… de… *(réfléchissant)* de « Présence ».

LA GRAND-MÈRE : C'est de la présence d'esprit qu'il lui faudrait oui !

LA DUCHESSE : Allez Louise, maintenant va vite en cuisine préparer ton sauté-cramé de lapin sauce pruneaux-cornichons.

LOUISE : Oui, Madame. *Elle part en cuisine.*

LA DUCHESSE : Marie-Cassandre, vois avec les employés qu'ils sachent comment s'occuper après le débouchage, bien long, de cet évier. Ce ne sont pas les choses à faire qui manquent.

Marie-Cassandre part en cuisine.

LA DUCHESSE : *à Archibald :* Quant à toi mon petit, va donc en salle des miroirs, je vais te faire réviser l'ode au valeureux Duc de Poirail. Et puis… mmmm… *le regardant de haut en bas…* Je ne suis pas super satisfaite de ta tenue en fait, je vais voir si je ne trouve pas mieux…

Archibald sort côté cour vers la salle aux miroirs.

LA DUCHESSE : à *la grand-mère :* Et toi mère… et bien dors un peu tiens ! Pourquoi pas, on sera tranquille un moment comme ça. *Elle la déplace dans un coin avec son fauteuil, face à un mur.*

LA GRAND-MÈRE : *s'agitant* : Fille indigne ! Emmène-moi plutôt en cuisine que je discute un peu avec ces messieurs ! Et puis d'abord je te prie de me vouvoyer !

LA DUCHESSE : C'est ça, pour que tu les distraies et les empêches de faire leur travail. Non, allez, dors ! On est vite fatiguée à ton âge.

LA GRAND-MÈRE : Je me vengerai !

La Duchesse sort côté salle aux miroirs.

THOMAS : *sort de la cuisine en poussant Marie-Cassandre :* Okay, c'est bon, nous avons bien tout compris, on va s'occuper de tout cela, ne vous inquiétez surtout pas. Il est temps pour une jolie Demoiselle comme vous d'aller maintenant se faire belle, dans une heure vous devrez être prête. Vous avez un concert de violon à assurer.

Il l'accompagne jusqu'à la sortie côté salle des miroirs.

À la grand-mère : Ma très chère… Que diriez-vous d'un tête à tête avec Alexis ? Il a fait tout ce qu'il fallait en cuisine pour réparer les tuyauteries de l'évier, c'est l'as du système D croyez-moi… La bonne prépare en ce moment le repas en toute tranquillité, et donc… Je crois qu'Alexis a maintenant besoin de vos illustres conseils concernant tout ce qu'il faut faire dans les jardins… Il souhaiterait connaître vos directives pour tailler, aménager les choses selon vos goûts personnels…

LA GRAND-MÈRE : Oh… Mais je suis ravie de pouvoir renseigner ce jeune homme. Portez-moi donc à lui. J'en frétille déjà d'excitation !

THOMAS : Parfait, parfait, vous allez bien vous entendre, je n'en doute pas le moins du monde…

Il l'emmène côté cuisine jusqu'aux jardins.

4e scène

Marie-Cassandre revient, traverse le salon, et va chercher la Bonne en cuisine, qu'elle ramène dans le salon en la tenant par la main.

LOUISE : *avec de la farine sur le visage, de la sauce sur son tablier, un fouet en main, les cheveux ébouriffés, etc.* Mais enfin Mlle Marie-Cassandre, allez-vous me dire ce qu'il se passe ? Vous me déconcentrez en pleine préparation du repas, vous imaginez comme il est risqué de me couper dans mon élan… le sauté-crâmé pourrait en pâtir et le Duc en serait…

MARIE-CASSANDRE : Louise, il faut qu'on parle.

LOUISE : Mais de quoi ?

MARIE-CASSANDRE : De mon frère…

LOUISE : Archibald ?

MARIE-CASSANDRE : Oui, de mon frère… et de toi !

LOUISE : Comment cela, du Duc… et de moi ?

MARIE-CASSANDRE : Louise… je ne la SENS pas cette prétendante.

LOUISE : Mais enfin Mlle Marie-Cassandre, cette histoire de relents, ce n'est peut-être pas si horrible que ça… laissons-lui une chance !

MARIE-CASSANDRE : Mais non ! Je veux dire que cette femme ne sera pas celle qui faut pour mon frère, j'en suis sûre. … Parce que celle qu'il lui faut… c'est toi !

LOUISE : *manquant s'étouffer* : Quoi ?!

MARIE-CASSANDRE : Allons Louise, j'ai bien deviné que tu étais amoureuse d'Archi. Si tu voyais tes yeux en formes d'étoiles chaque fois qu'il ouvre la bouche ! Les âneries qu'il peut parfois dire ne semblent pas t'atteindre.

LOUISE : Des âneries ? Voyons, Mlle Marie-Cassandre ! Monsieur le Duc est d'une grande intelligence ! Il a la modestie de la cacher, c'est tout.

MARIE-CASSANDRE : Dans tous les cas, je t'aime bien Louise et je pense qu'il est grand temps que tu te démarques et que tu t'imposes, que tu montres tes réelles capacités à mon frère et surtout à ma mère.

LOUISE : *affichant un air découragé :* Mais enfin… je ne suis que la Bonne, Mademoiselle…

MARIE-CASSANDRE : Tu es d'origine noble Louise, bien que mère semble l'avoir oublié.

LOUISE : Mais, je suis mauvaise cuisinière, je ne sais faire que mon sauté-cramé de lapin sauce pruneaux-cornichons…

MARIE-CASSANDRE : Eh bien cela tombe bien, car mon frère l'adore ! Et en plus grand-mère le déteste, c'est encore mieux !

LOUISE : Mais… je perds des objets en faisant le ménage, et puis je ne connais pas les méthodes actuelles pour déboucher les tuyaux d'évier en douceur ou pour ramoner les cheminées, je confonds les outils de jardinage, ce qui donne des résultats catastrophiques pour les massifs fleuris et le potager de Mme votre mère…

MARIE-CASSANDRE : Tu ne devrais pas avoir à faire toutes ces tâches Louise. Nous devrions avoir plusieurs employés, tu comprends ? Et puis nous allons te trouver un instructeur, ne t'inquiète pas.

De toute façon, tu devras te consacrer à ton rôle de femme et de mère prochainement.

LOUISE : Quoi ! Mais enfin, Mademoiselle ! suggéreriez-vous que… Vous n'y pensez pas !

MARIE-CASSANDRE : Voyons, tu nagerais dans le bonheur… et tu sauverais notre manoir !

LOUISE : *hésitant :* Mademoiselle… C'est fou… Je n'ose croire à une telle possibilité… *(triste)* Et Madame votre mère n'y consentirait point, je le crains… Je ne suis sûrement pas aussi belle et jeune que Mlle Craquotte, enfin Biscotte, je ne suis Miss de nulle part… et je ne suis évidemment pas aussi distinguée qu'elle semble l'être.

MARIE-CASSANDRE : Écoute, je te laisse réfléchir un peu. Aie confiance en toi. Voyons ce que cette Biscotte a de craquant… mais à la moindre alerte, je compte sur toi pour nous sauver ! Tu comprends Louise ?

LOUISE : OK… je ferai ce que je pourrai…

MARIE-CASSANDRE : Tu vas faire mieux ! Tu vas séduire Archi et Mère, Louise !

LOUISE : Mademoiselle ! Vous m'en demandez trop, je ne suis point capable de…

MARIE-CASSANDRE : T'inquiète, je t'aiderai. Pour l'instant, retourne vite en cuisine, je réfléchis à un plan et je reviens t'en parler.

LOUISE : *Inquiète, en retournant en cuisine* : Oh là là…Oh là là là là…

Marie-Cassandre ressort côté salle des miroirs.

Thomas revient dans le salon avec un gros sac.

THOMAS : Parfait ! Ils sont tous occupés. *Regardant sa montre :* Le patron a dit qu'elle arriverait à 11 h 30 pile ! Il me reste un quart d'heure…

Avec les affaires qui sont dans le sac, il ajoute à sa combinaison d'ouvrier quelques accessoires/vêtements de « Duc », se déguisant sommairement.

Bon, voilà, ça suffira pour l'usage qui est prévu…

Il va reposer le sac dans la cuisine. Pendant ce temps, la Dompteuse arrive seule de la porte des greniers, avec son fouet.

LA DOMPTEUSE : Parfait, qu'il le bouffe ce zombi, qu'il prenne biiiiiiennn son temps surtout ! Moi je veux voir la tête qu'il a ce Duc. S'il est mignon, je me lance ! Je ne sais pas dompter que les lions moi, non mais ! Et la prétendante, ce sera moi ! À moi la vie de Princesse dans ce beau manoir !

Thomas revient.

THOMAS : Ha ! Vous voilà déjà ! Vous êtes en avance, je ne vous attendais pas avant 11 h 30.

LA DOMPTEUSE : *surprise de son accoutrement, mais minaudant :* Oh…Vous m'attendiez impatiemment ?

THOMAS : Eh bien oui, c'est ce qui était convenu… Mais vous ne ressemblez pas du tout à la description qui m'a été faite de vous… Vous êtes plutôt mignonne.

LA DOMPTEUSE : Vous êtes pas mal non plus, peut-être un peu bizarrement vêtu… mais cela ne me gêne pas ! Je pensais que vous étiez plus vieux…

THOMAS : Je ne sais pas pourquoi mon âge vous a été précisé, pour ce que nous avons à faire… mais ce n'est pas grave, allez, commençons tout de suite.

Il se dirige vers la table et s'assoit face au public.
Allez, vous pouvez y aller. C'est le moment, ils sont tous occupés à se préparer, mais on ne sait jamais si cela leur prend de repasser dans le salon…

LA DOMPTEUSE : *tout sourire :* Oh, mais je vois que vous êtes pressé… ça me plaît ça !

Elle fait claquer son fouet en s'approchant et lui met le pied sur les genoux en se penchant vers son visage.

Très cher…

THOMAS : *surpris :* Mais qu'est-ce que vous faites ?!

Marie-Cassandre revient dans le salon, mais s'arrête net au pas de la porte en apercevant Thomas et la Dompteuse qui ne l'ont pas vu arriver. Elle se cache derrière le trône pour écouter.

LA DOMPTEUSE : Eh bien, vous m'aviez l'air pressé…

THOMAS : Allons, tenez-vous en au plan conçu. Imaginez la soupe devant moi, là, et aplatissez-lui la tête dedans à cet idiot, allez entraînez-vous, vous devrez être efficace quand le moment sera venu !

LA DOMPTEUSE : *reculant :* ... On m'avait prévenue que vous étiez un peu… comment dire… « bizarre », mais là j'avoue ne pas saisir la signification de vos propos…

THOMAS : « Bizarre » ?! Mais qu'est-ce qu'il lui a pris au patron ? Je vais lui en toucher deux mots !

Allez, dépêchez-vous. Une fois les gestes maîtrisés, vous devrez vite reprendre la porte, et aller sonner à l'entrée principale dehors.

LA DOMPTEUSE : Mais qu'est-ce que vous racontez ? … *suspicieuse…* Êtes-vous bien le Duc de Poirail ?

THOMAS : Hein ?! Ben non bien sûr ! Vous avez perdu la tête ma parole ! Nous avons tous les deux un contrat à honorer auprès du patron. Faisons notre travail. Allez !

LA DOMPTEUSE : Ha ben non alors ! Si vous n'êtes pas le Duc, ça ne m'intéresse plus !

THOMAS : Quoi !? Mais… attendez… vous n'êtes pas la prétendante ?

LA DOMPTEUSE : Moi je veux bien être la prétendante, mais c'est le Duc que je veux voir !

Et d'abord, qui êtes-vous au juste ? L'employé de maison qui se déguise en douce pour se faire passer pour le Duc ?

THOMAS : *fâché, se levant :* Ce n'est pas parce que vous avez un joli minois qu'il faut vous autoriser à m'insulter ! Il doit y avoir une erreur… *réfléchissant, se calmant en marchant…* Mmm… Vous n'êtes pas Mlle Biscotte ?

LA DOMPTEUSE : Non… et je ne sais pas qui est Mlle Biscotte…

THOMAS : Je suis François, l'un des deux acteurs employés par Monsieur Dugenou pour saboter l'unique soi-disant « rendez-vous » du Duc avec une soi-disant « prétendante ». En fait, c'est Monsieur Dugenou lui-même qui a envoyé la candidature de Mlle Biscotte à la Duchesse.

Et là nous étions censés répéter ensemble avec Mlle Biscotte les catastrophes du repas…

LA DOMPTEUSE : Ha… Alors votre accoutrement, c'était pour ça ?

THOMAS : Oui, histoire de se mettre dans l'ambiance quoi…

LA DOMPTEUSE :… Mais attendez ! Vous avez dit « Monsieur Dugenou » !?

THOMAS : Oui, il s'agit de mon patron…

LA DOMPTEUSE : Oh ! Mais, comment vous dire… Il se trouve que je suis aussi actrice…

THOMAS : Ah bon ? Je me disais aussi : « pourquoi venir avec un fouet ? … »

LA DOMPTEUSE :… Et il se trouve que mon patron se nomme aussi Monsieur Dugenou !

THOMAS : Mais ! Se pourrait-il qu'il s'agisse de la même personne ? Mais alors… vous êtes venue ici sous ses ordres ?

LA DOMPTEUSE : Oui, tout à fait. En fait nous sommes en plein tournage dans le manoir… mais chut : c'est un secret !

THOMAS : Qui ça « nous » ?

LA DOMPTEUSE : Eh bien, toute l'équipe de « Surprises au manoir » !

THOMAS : *riant :* Non ! Haha, j'y crois pas ! Le nouveau film sur lequel travaille le patron ! Mais alors… Vous êtes là pour les mêmes raisons que nous finalement !

LA DOMPTEUSE : Eh bien Monsieur ne nous a pas précisé pourquoi nous devions tourner dans ce manoir précisément, et surtout en secret…

THOMAS : Il doit avoir ses raisons. De toute façon, en vous conduisant ici, il a dû se dire qu'il pourrait facilement vous faire participer au sabotage sans avoir besoin de tout vous expliquer.

LA DOMPTEUSE : Au sabotage… de ce fameux entretien avec la prétendante ? Le Duc est bien un homme à marier alors…

THOMAS : Tiens, vous pouvez être utile pour saboter le faux entretien avec la fausse prétendante. Vous allez pouvoir remplacer le patron : dites à un de votre équipe de rester près de la cheminée là-haut et d'écouter attentivement ce qui se passe en bas. Nous aurons besoin de lui pour se faire passer pour un fantôme. S'il écoute bien, il saura quoi dire au bon moment.

Au fait, mon nom de scène ici est Thomas ! Ne soyez pas surprise…

LA DOMPTEUSE : OK, c'est tout noté. Bon, je remonte. Je descendrai au moment du repas. Je veux tenter ma chance avec le Duc, moi !

Elle repart.

THOMAS : Punaise, quelle plaie ! Elle va nous faire capoter le plan celle-ci ! M'enfin quand elle va voir la gueule de son Duc… et surtout quand elle va l'entendre parler, elle va s'enfuir en courant la Dompteuse !

La vraie fausse prétendante entre par la porte d'entrée. Très mal habillée, genre vieille revêche sévère, chignon, lunettes…

MLLE BISCOTTE : *grand soupir :* Pffffff *récitant en colère :* Entrer et suivre le couloir principal, prendre la deuxième à droite puis après les trois quarts du rond-point, prendre le pont sur la gauche, changer pour le tunnel d'en face puis c'est au fond ! Ben voyons, ils ne pouvaient pas faire plus simple non ?

Voyant Thomas : Bon, je suppose que vous êtes François ?

THOMAS : C'est moi. Et vous… *Il la regarde de près et affiche au public un air de dégoût :* vous êtes VOUS, donc c'est parfait.

MLLE BISCOTTE : Bon, au lieu de raconter des conneries, on le fait cet entraînement oui ou non ? J'ai pas que ça à faire moi.

THOMAS : Okay, okay…

Soudain un grand bruit d'explosion, de l'eau est projeté sur la scène par la cuisine et l'on entend Louise crier.

LOUISE : Au secours ! Oh nooooooonnn ! Inondatiooooon !

THOMAS : *d'abord un peu surpris puis en riant, à la Prétendante :* Vite vite, repartez au niveau de l'entrée pour sonner votre arrivée ! Pas le temps de s'entraîner, ils vont tous débouler dans le salon, vite !

MLLE BISCOTTE : Pffffff ! Quel boulot de merde ! J'suis pas payée pour passer mon temps dans des souterrains moi !

Elle part et Thomas fait sonner la cloche sans s'arrêter à fond en se tordant de rire, et en enlevant ses accessoires de Duc, pendant que Louise hurle et que Marie-Cassandre sort de sa cachette derrière le trône et s'enfuit côté salle des miroirs.

LOUISE : *hurle et répète en cuisine :* « Oh non c'est pas vrai ! Oh là là là là… »

La lumière s'éteint d'un coup.

LOUISE : L'électricité a sauté ! Oh non…

Rideau – fin acte 1.

Acte 2

1re scène

Le Rideau s'ouvre, Thomas fait sonner la cloche, Louise crie « Oh non, c'est pas vrai, Oh là là... » (reprise de la fin de l'acte 1)

La scène est faiblement éclairée.

Le Patron arrive des greniers, il change son dossard de sens devant le public (au lieu de « Boss and Co Production » avec un clap de cinéma, c'est « Boss and Co Réparation » avec un furet de ramonage) et vérifie que la caméra disposée est bien toujours en place au-devant de la scène.

LE PATRON : *à Thomas :* C'est bon ? Tout se passe comme prévu, on dirait.

THOMAS : Comme sur des roulettes M'sieur !

LE PATRON : Bon, file vite remettre le jus, tu te souviens du plan électrique du manoir ?

THOMAS : J'en ai pour deux secondes !

Thomas sort côté cuisine.

La Duchesse accourt avec le Duc (Duc cette fois-ci déguisé en chevalier faisant bien du bruit avec tout son attirail) puis Marie-Cassandre.

LA DUCHESSE : Mais que se passe-t-il ? *voyant le Patron :* Et vous ? Qui êtes-vous ? Que faites-vous chez nous ? *regardant dans le salon :* Et où est mère ?

LE PATRON : Pas de panique ! Je suis le patron de « Boss and Co Réparations ». Mes employés m'ont appelé tout à l'heure pour que je vienne les aider sur le chantier. Apparemment vous avez des problèmes de tuyauterie, de ramonage, de jardinage, d'électricité et d'aménagement d'intérieur si j'ai bien compris.

La scène se rallume.

Ha ! Mes employés ont dû trouver le compteur électrique.

Louise arrive sur scène trempée de la tête aux pieds avec une louche et un chalumeau.

Archibald accourt vers elle (en faisant plein de bruits de ferraille).

LOUISE : *montrant le chalumeau :* J'allais passer à la crémation de mon sauté-cramé de lapin sauce pruneaux-cornichons… quand la tuyauterie sous l'évier a explosé ! Il y en a partout ! Oh… pardon Mme la Duchesse… Votre cuisine est tout inondée maintenant…

Thomas revient au salon.

ARCHIBALD : Vous n'avez rien de cassé au moins ?

LOUISE : Oh merci de votre attention Archibald, vous êtes bien aimable. Je vais bien, juste trempée…

ARCHIBALD : Le mouillé vous va bien, vous savez…

LOUISE : *rougissant :* Oh… Heu… Je… heu… Merci… La tenue de chevalier vous va bien aussi, vous savez…

Ils se sourient bêtement.

THOMAS : Hum hum ! Ha ! Patron ! Vous arrivez au bon moment. Il me semble que vos services sont plus que nécessaires ici. Si vous voulez bien me suivre, je vais vous présenter les chantiers.

À la Duchesse : Élisabeth est avec Alexis. Elle le conseille sur les travaux à effectuer dans le jardin.

Il part avec le patron côté cuisine.

LA DUCHESSE : Ais-je bien entendu ?! Ce jeune homme a appelé mère « Élisabeth » ?!

MARIE-CASSANDRE : Espérons que le patron sera plus doué que ses employés. Je sens que grand-mère s'est encore trompée de critères de sélection quand elle les a recrutés…

LOUISE : *interrogative :* Je ne sais plus où donner de la tête moi…Dois-je cramer ou écoper !? Attendez-moi… !

Elle les suit en cuisine.

ARCHIBALD : *réfléchissant :* Je sens que le chevalier en moi cherche à s'exprimer… Que dit-il ? Ah, mais oui ! *avec fierté* : Ma mission est de porter secours à Louise ! Oui, c'est ça ! Louise ! Nous allons cramer ce repas ensemble ! Que dis-je, nous allons l'enflammer, le carboniser, le pulvériser, le…

MARIE-CASSANDRE : *le coupant :* On a compris Archi, dépêche-toi de la rejoindre !

ARCHIBALD : Louiiiiiiise !

Il court en cuisine

LA DUCHESSE : *surprise, à Marie-Cassandre :* Qu'est-ce qui lui prend ? 3 phrases d'affilée, les mots dans l'ordre ? Et sans invention littéraire ? Ce n'est vraiment pas le moment qu'il nous tombe malade…

La Grand-mère rentre de la cuisine (des jardins) en riant, poussée par Alexis (un peu vite, comme en faisant une course de chariot roulant) riant aussi. Ils ont tous les deux des feuilles dans les cheveux, et il y a des fleurs sur les genoux de la grand-mère.

LA DUCHESSE : Hé ben tiens, quand on parle du loup, te voilà toi ! À voir dans quel état tu es, je m'attends encore au pire…

LA GRAND-MÈRE : *riant :* On s'est amusés comme des petits fous avec Alexis dans les jardins… et… emportés dans notre élan, je crois que nous avons plus piétiné tes massifs d'Hélianthèmes et de chardons pourpres que réfléchi efficacement aux travaux de taille et d'aménagements à faire… *riant avec Alexis.*

LA DUCHESSE : Mère ! Ce n'est pas possible !

LA GRAND-MÈRE : Oh c'est bon ! Si on ne peut plus s'amuser…

MARIE-CASSANDRE : Tu es vraiment incorrigible grand-mère ! Et l'on dirait que tes petits jeux dans les jardins t'ont débouché les oreilles ?

La Grand-mère hausse les épaules.

ALEXIS : Élisabeth est une As du chariot roulant ! Vous l'auriez vu prendre son élan dans l'allée principale, amorcer son décollage, calculé au centimètre près, et sauter d'un bond les parterres de rosiers rouges ! Impressionnant ! Elle doit sûrement s'entraîner régulièrement pour arriver à une telle maîtrise !

LA DUCHESSE : Élisabeth ?! Quoi !? Mère ? Mais qu'est-ce que vous racontez ?! Mère, Je t'avais pourtant dit de rester tranquille ici !

LA GRAND-MÈRE : Tu me casses les pieds, rabat-joie ! Tu ne comprends rien. Il te manque un brin de folie, ma fille, tu es trop coincée ! Et puis, je crois que tu as d'autres soucis que mes exploits sportifs et amoureux en ce moment…

LA DUCHESSE : Exploits amoureux ?!

LA GRAND-MÈRE : Il me semble avoir traversé un ruisseau à l'instant en cuisine. C'est une drôle de façon d'accueillir Mlle Biscotte !

LA DUCHESSE : Mlle Biscotte ! Mon dieu oui ! Elle devrait arriver d'un instant à l'autre !

Ding Dong

Oh non ! C'est elle ! Marie-Cassandre, file les aider, la cuisine doit être présentable et le repas prêt au plus vite !

Marie-Cassandre va en cuisine.

La Duchesse crie par la porte : Entrez et suivez le couloir principal, c'est tout droit au fond !

Bon, nous avons 10 min. Mère ! *Attrapant le chariot pour la déplacer.*

LA GRAND-MÈRE : Touche pas à ça ! Je peux me débrouiller toute seule. Ne me sous-estime pas. Tu as entendu ce qu'Alexounet a dit !

LA DUCHESSE : Alexounet ! Mère, je pense que tu commences à perdre la raison… Une fois ce banquet majestueux achevé en beauté et la prophétie accomplie, je m'en irai quérir Lermin l'enchanteur de Poirail pour qu'il t'examine.

LA GRAND-MÈRE : Quel banquet ? Le moment honteux où l'on va servir le truc cramé de la bonne à notre unique invitée ? Qui d'ailleurs, j'imagine, n'a pu qu'être forcée de venir pour une raison mystérieuse. Et puis c'est quoi cette histoire de prophétie là ? Tu laisses Lermin à ses potions douteuses et tu me lâches la grappe. C'est toi qui débloques ma fille !

LA DUCHESSE : Mais oui, mère, c'est ça. Allez, range-toi là, souris. Et surtout, tu te souviens de ce que je t'ai dit ? … Non, attends je te le refais en plus court : FERME-LA !

LA GRAND-MÈRE : Oh, je ne vais pas avoir besoin d'ouvrir la bouche pour assister au spectacle et me marrer, ne t'inquiète pas.

Entrée de Mlle Biscotte.

MLLE BISCOTTE : Ha tout de même ! Eh ben dites donc, c'est compliqué pour arriver jusque chez vous ! Vous pouviez pas faire plus simple ?

LA DUCHESSE : *avec des courbettes, en forçant la joie :* Bonjour ! Vous devez être Mlle Biscotte ? Soyassez…

MLLE BISCOTTE : *la coupant :* Non, je suis la reine d'Angleterre ! Ben évidemment ! Vous allez me faire croire que vous en attendez beaucoup des prétendantes ce soir ?

LA DUCHESSE : Eh bien… Soyassez la bienvenue, Mlle Biscotte, dans notre humblissime demeure… Mettiassez-vous à votre aise. Donnassiez-moi votre manteau. *Elle s'avance pour le lui prendre.*

MLLE BISCOTTE : Pas touche ! Je ne sais pas où vous avez traîné dernièrement… Avec vos « soyassez » et vos « donnassiez » là, vous me semblez pas très catholique !

Elle pose elle-même son manteau sur le porte-manteau et prend un calepin et un stylo de sa poche.

LA DUCHESSE : *choquée :* Oh *!*

MLLE BISCOTTE : *sèche, se tournant vers la table :* Bon, on mange ?

LA DUCHESSE : Hum… le repas est sur le point d'être servi, ne vous inquiétassionnez-pas…

Mais… pendant que notre cuisinière en chef parachève son œuvre pour le plus grand plaisir à venir de vos papilles, laissez-moi vous faire visitasser notre manoir.

Mlle Biscotte a un air sévère et note quelque chose dans son calepin.

MLLE BISCOTTE : vous me saoulez avec vos manières. Allez, montrez-moi vite votre studio là qu'on en finisse, moi j'ai la dalle.

LA DUCHESSE : *outrée/renfrognée :* Notre Studio ! Oh !

Elle l'entraîne vers la salle des miroirs.

Entrée de Marie-Cassandre qui traîne Louise par la main.

LOUISE : Mais enfin Mademoiselle, Archibald est en parfaite position pour la crémation du sauté-cramé de…

MARIE-CASSANDRE : *excitée :* Louise ! Il faut que je te dise ! C'est génial ! Inespéré !

LOUISE : Qu'y a-t-il ? Vous me faites peur…

MARIE-CASSANDRE : Il se trouve que j'ai surpris tout à l'heure en cachette l'un des ouvriers, celui qui se fait appeler Thomas…

LA GRAND-MÈRE : parce qu'il ne s'appelle pas Thomas ?

MARIE-CASSANDRE : *à la grand-mère :* Non, il s'appelle François en fait.

LOUISE : Ah bon ?

LA GRAND-MÈRE : Ah bon, François… mmm ça lui va bien aussi…

MARIE-CASSANDRE : *à Louise :* Attends, laisse-moi te raconter ! Inespéré, je te dis ! Une dompteuse de lions est arrivée des greniers…

LOUISE et la GRAND-MÈRE : Quoi ?!

LOUISE : Une dompteuse de lions ?! Des greniers ?!

MARIE-CASSANDRE : Attends, le fameux Thomas l'a accueilli en croyant que c'était la prétendante. Il voulait lui faire répéter le scénario catastrophe du sabotage du repas !

LOUISE : *apeurée :* Le sabotage du repas ?!

LA GRAND-MÈRE : *se frottant les mains :* Oh… Je sens que je vais bien m'amuser ce soir moi !

MARIE-CASSANDRE : Mais comme il était déguisé en Duc, elle l'a pris pour Archibald et a tenté de le séduire.

LOUISE : *scandalisée :* Comment ?! Qu'est-ce que…

MARIE-CASSANDRE : Attends ! Ils se sont finalement rendu compte qu'ils travaillaient pour le même patron et la Dompteuse est remontée rejoindre la troupe d'acteurs dans les greniers.

LOUISE : Quel patron ? Une troupe d'acteurs dans les greniers ?!

LA GRAND-MÈRE : Ha ! ça m'intéresse ça…

MARIE-CASSANDRE : Ah, et ils vont faire parler la cheminée. Faudra pas vous inquiéter.

LOUISE : Quoi ?!

MARIE-CASSANDRE : Sur ce, la vraie prétendante est arrivée, enfin la fausse !

LOUISE : Quoi ? La fausse ? Mais…

MARIE-CASSANDRE : Oui, je te dis, la fausse ! Figure-toi que le patron de la troupe d'acteurs est aussi celui des ouvriers ! Grand-mère : si je ne me trompe pas, ce n'est pas toi qui as trouvé ces nouveaux employés n'est-ce pas ? Ils sont venus d'eux-mêmes te proposer leurs services ?

LA GRAND-MÈRE : Hum… Oui, et je n'ai pas su résister…

MARIE-CASSANDRE : Et c'est le même patron qui a embauché la fausse prétendante ! C'est fou ! Tu comprends notre chance ?!

LOUISE : *perplexe*… Heu… Je n'ai pas tout très bien compris en fait…

MARIE-CASSANDRE : Haaa… Je n'ai pas le temps de t'expliquer en détail, mais en gros : Mlle Biscotte est une actrice qui n'a aucune intention de se laisser faire la cour par Archibald et pendant le repas je pense qu'elle va faire plutôt son possible pour être désagréable, tu saisis maintenant ?

LOUISE : Heu… J'essaie d'assimiler les informations déjà…

MARIE-CASSANDRE : Aucun risque de te faire voler Archibald ! Et une occasion rêvée de montrer à Mère ce que tu sais faire en déjouant les tours de Mlle Biscotte et en défendant Archibald sous ses yeux ! Et mon frère sera définitivement conquis.

LA GRAND-MÈRE : *d'un air sévère, à Louise :* Dois-je comprendre, ma petite, que tu t'es éprise de mon benêt de petit-fils ?

LOUISE : *confuse :* Heu… Effectivement, Madame… Heu… Je… Comment dire ? Je…

LA GRAND-MÈRE : Parfait ! Tu as ma bénédiction, ma petite Louise.

Surprise de Louise et Marie-Cassandre

LOUISE : Mais je ne suis pas…

LA GRAND-MÈRE : Mais si voyons. Certes, tu es laide, sotte, maladroite et une horrible cuisinière… mais je dois admettre que tu ferais une parfaite épouse pour mon idiot de petit-fils.…

LOUISE : Ha… Eh bien… Merci.

LA GRAND-MÈRE : Et ça ferait les pieds à ma fille et rien ne pourrait me faire plus plaisir… alors je te soutiens Louise !

LOUISE : vraiment, je vous… remercie Madame… *perplexe, à Marie-Cassandre :* Mais je ne sais pas quels tours elle va jouer cette fausse prétendante…

MARIE-CASSANDRE : Écoute, ils n'ont pas eu le temps de répéter le scénario prévu à cause de l'inondation, mais j'ai pu déjà comprendre que Mlle Biscotte compte coller le nez d'Archibald dans son assiette de soupe pour le ridiculiser !

LOUISE : Mon dieu, mais quelle horrible bonne femme ! Je ne la laisserai pas faire !

MARIE-CASSANDRE : À mon signal tu bousculeras Mlle Biscotte pour qu'elle plonge elle-même la tête dans son assiette !

LOUISE : *déterminée :* Oui !

MARIE-CASSANDRE : Et puis il faudra déjouer ses autres pièges, ce ne sera pas facile, mais dès que je suspecterai quelque chose je t'enverrai un signal, il faudra te tenir prête !

LOUISE : *au garde-à-vous :* À vos ordres Mademoiselle ! Heu… Au fait… Quel signal ?

MARIE-CASSANDRE : Mmm, disons quand j'éternuerai, comme ça : « Atchoum ! ». OK ?

LOUISE : D'accord, « Atchoum »… OK ! Ça ne va pas se passer comme ça… Non, mais, pour qui elle se prend celle-là ?

MARIE-CASSANDRE : Ah ! Et si la dompteuse de lions descend des greniers pendant le repas, je m'en occupe, ne t'inquiète pas.

LOUISE : Si elle se met à… à… à draguer Archibald, je ne réponds plus de rien !

LA GRAND-MÈRE : Ma petite, si je peux te donner quelques petits conseils pour séduire mon imbécile de petit-fils…

MARIE-CASSANDRE : Écoute bien Louise, mamie connaît très bien Archi.

LA GRAND-MÈRE : Sache que depuis tout petit il admire en secret les femmes sachant chanter. Je l'ai déjà surpris plusieurs fois avec son air niais, enfin celui plus niais que d'habitude, au son de Michelle Port son idole sur « Emmène-moi torcher cette poire » (à dire sur l'air d'« Emmène-moi danser ce soir » de Michelle Torr)

LOUISE : Michelle Port ? Il aime les chanteuses, vraiment ?

MARIE-CASSANDRE : Tu as une belle voix, Louise, ça devrait le faire. Qui ne tente rien n'a rien !

LOUISE : Heu… mais quand même…

LA GRAND-MÈRE : Note ma petite également que notre charmant Archi a un faible pour les doigts de pieds gauches…

LOUISE et MARIE-CASSANDRE : *surprises :* Les doigts de pieds gauches… ?

LA GRAND-MÈRE : Oui oui, très important pour lui les doigts de pieds gauches ! Je l'ai vu embrasser son poster de Michelle Port exactement à cet endroit.

LOUISE et MARIE-CASSANDRE : *perplexes* : Son…poster ? Mais quel poster ?

LA GRAND-MÈRE : Vous ne l'avez jamais vu dans sa chambre ? Celui qu'il cache derrière la tenture représentant la chasse au grizzli de feu son père.

LOUISE : Je suis vraiment une femme de ménage déplorable… Je n'ai jamais épousseté derrière cette tenture…

LA GRAND-MÈRE : Et si en plus tu peux parler le même langage que lui, que tu dois bien connaître maintenant ma petite après toutes ces années à écouter ses âneries, tu l'auras dans la poche c'est assuré !

MARIE-CASSANDRE : Allez, retourne vite à lui justement, il t'attend en position du skieur pour la crémation.

LOUISE : Oh là là. Oh là là…

Louise sort en cuisine.

MARIE-CASSANDRE : Ah ! Et… motus et bouche cousue vis-à-vis de mère !

LA GRAND-MÈRE : Ne t'inquiète pas ma petite…

MARIE-CASSANDRE : Bon, moi je finis d'écoper et je file chercher mon violon !

Marie-Cassandre sort en cuisine.

LA GRAND-MÈRE : *elle se frotte les mains :* Ha… quelle journée distrayante ! Vraiment…

2e scène

La Duchesse et Mlle Biscotte rentrent. Mlle Biscotte note des choses dans son calepin, le visage dur.

LA DUCHESSE : Et je vous priasse maintenant de bien vouloir apprécionnasser le fameux, le magnifique, le renommé « Salon de réceptionnation » tout spécialement préparé pour votre arrivée…

Louise entre toute noire au visage et sur le haut de ses vêtements, les cheveux crépus en l'air (mouillés et plein de cendres) avec deux vieilles couvertures et des couverts à pique-nique.

LOUISE : *d'un ton sec à Mlle Biscotte :* Bonjour !

Elle dispose brutalement les couvertures et les couverts à pique-nique sur la table et la petite table basse devant le public.

MLLE BISCOTTE : Je constate que votre bonne est africaine… manque de moyens financiers sans aucun doute…

Elle note quelque chose dans son calepin d'un air sévère.

LA DUCHESSE : Mais bien sûr que non voyons ! Notre patrimoine financier est plus qu'honorable, je vous prie de bien croire que vous serez…

MLLE BISCOTTE : *la coupant et notant dans son calepin, sans lever la tête :* Je note : « Notre patrimoine financier plus que déplorable » … une simple confirmation pour tous les poireaux…

LA DUCHESSE : Je vous assure que…

MLLE BISCOTTE : *la coupant :* Je vous écoute, essayez de me donner une explication pour votre employée d'Afrique…

LA DUCHESSE : Mais bien sûr… Heu… *à Louise* : Louise : expliquez-vous !

LOUISE : *sèche, tout en finissant d'installer brutalement :* La Crémation, Madame, la Crémation…

MLLE BISCOTTE : Écoutez, je ne sais pas quoi ou qui vous venez d'incinérer… mais vos coutumes d'accueil africaines ne m'impressionnent pas du tout !

Louise retourne en cuisine.

La Grand-mère rit en silence.

LA DUCHESSE : Mais il s'agit d'un malentendu ! Vous ne comprenez pas…

MLLE BISCOTTE : En plus vous insinuez que je suis bête !

VOIX DU CLOWN SORTANT DE LA CHEMINÉE : *ton machiavélique* : Oh oui ! Haha haha !

MLLE BISCOTTE : Qu'avez-vous dit ?! Comment osez-vous !

LA DUCHESSE : Mais je n'ai rien dit ! Je ne comprends pas…

Elle cherche d'où vient la voix. La grand-mère rit.

MLLE BISCOTTE : J'ai très bien entendu ! Vous avez dit « Oh oui ! Haha haha » !

LA DUCHESSE : Mais non, voyons… Qu'est-ce que…

VOIX DU CLOWN SORTANT DE LA CHEMINÉE : Je vais bien t'avoir !

MLLE BISCOTTE : Comment ? Ainsi vous comptez m'entourlouper, hein ! J'en étais sûre. Vous ne m'inspiriez aucune confiance dès le départ !

LA DUCHESSE : *en panique, grattant la cheminée, collant son oreille contre :* Mais non, mais non ! La voix vient de la cheminée ! Je vous assure que…

MLLE BISCOTTE : Ah parce qu'en plus votre manoir de poche est hanté ! Et ben voyons ! OK, je prends note, je prends note… *Elle note sur son calepin.*

VOIX DU CLOWN SORTANT DE LA CHEMINÉE : Arrête ça ! Je vais te bouffer !

MLLE BISCOTTE : Pardon ?!

La Duchesse en panique. La grand-mère bidonnée.

LA DUCHESSE : Mais qu'est-ce que… Je ne comprends pas…

LA GRAND-MÈRE : Allez ma chérie, dis-lui pour le fantôme de ton arrière arrière grand-père…

LA DUCHESSE : Mais enfin mère que racontez-vous ?!

MLLE BISCOTTE : OK c'est bon j'ai ma dose ! Si le fantôme de votre arrière machin truc s'en mêle, je me casse ! Même pas besoin de voir le fameux Duc ! *En* *montrant son calepin :* J'en ai assez là-dedans pour vous tailler une belle réputation dans tout Poirail, croyez-moi !

Elle va vers la porte.

LA DUCHESSE : Attendez ! Nous vous avons préparé un somptueux repas digne des plus fins gourmets. Restez au moins pour l'apprécionnasser !

MLLE BISCOTTE : Je vous en foutrais moi des « apprécionnasser » ! OK, j'ai la dalle, sortez-moi vite votre pique-nique de restes là et je me taille.

LA DUCHESSE : Notre pique-nique de restes ?! Oh !

Entrée du patron de la cuisine

LE PATRON : *à la grand-mère, en faisant la révérence :* Madame…

LA GRAND-MÈRE : Vous êtes bien aimable.

LE PATRON : *à Mlle Biscotte en inclinant la tête ou le buste comme une courbette :* Madame…

MLLE BISCOTTE : *sèche :* Monsieur.

LE PATRON : *à la Duchesse :* Voilà ! Je vous ai réparé la tuyauterie de la cuisine, vous n'aurez plus d'inondation à l'avenir. J'en ai profité pour vous installer un système avec les surplus d'eau utilisés en cuisine vous permettant d'arroser tous les massifs des jardins sans bouger un orteil.

LA DUCHESSE : Oh… Eh bien je vous remercie. Je vois que vous êtes efficace vous au moins.

LE PATRON : Je me suis également permis de remplacer le réseau électrique de la cuisine pour que la moindre éclaboussure ne fasse pas tout disjoncter. Il faudrait d'ailleurs je pense revoir le réseau de tout le manoir à l'occasion…

LA DUCHESSE : Eh bien, je ne sais que dire, vous me semblez faire du bon travail. Continuez, je vous en prie. Heu… la cheminée par exemple aurait besoin d'un bon ramonage… et il semblerait que le besoin se fasse urgent… *un ton plus bas près de lui :* nous venons d'entendre une voix en sortir…

LE PATRON : une voix ? Enfin Madame, la suie s'accumule certes, mais ne parle pas pour autant.

LA DUCHESSE : Je vous prie de bien vouloir effectuer un ramonage complet de ma cheminée au plus vite et de lever ce mystère !

LE PATRON : Bien bien, je vais demander à mes employés de s'en occuper. Rassurez-vous, tout va bien se passer.

Il sort en cuisine.

MLLE BISCOTTE : Bon alors, ça arrive la bouffe ?

LA DUCHESSE : Oui oui, je m'en vais quérir le Duc, la bonne et ma fille et nous pourrassons entamer les…

MLLE BISCOTTE : *la coupant :* Allez droit au but où je me tire, j'vous dis !

LA DUCHESSE : Je vous priasse de bien vouloir nous attendre ici quelques instants.

Elle sort en cuisine.

MLLE BISCOTTE : Que je la priasse… Elle est complètement givrée la mère ; je m'attends au pire avec le fils !

LA GRAND-MÈRE : Oh je ne vous le fais pas dire !

MLLE BISCOTTE : Pardon ? Vous m'avez adressé la parole ?

LA GRAND-MÈRE : *avançant son charriot roulant vers Mlle Biscotte :* ne vous fatiguez pas va, je sais tout : votre fausse candidature au rôle d'épouse pour mon petit-fils, la complicité des employés ici présents, la troupe d'acteurs à l'étage qui parlent dans la cheminée ! D'ailleurs vous pouvez me dire merci pour en avoir rajouté une couche avec l'histoire de l'arrière-arrière-grand-père.

MLLE BISCOTTE : Bien, je vois…

LA GRAND-MÈRE : *réfléchissant…* Il me manque juste la raison de toute cette supercherie… quel est le but ? Que recherche votre patron ?

MLLE BISCOTTE : Cela ne vous regarde pas, veuillez vous en tenir à vos propres raisons de nous aider et tout se passera bien… Mmm… Et puis non, tiens ! Pourquoi ne pas profiter de la situation ? Mmm… Vous me semblez aimer la mise en scène… Est-ce que cela vous dirait de devenir actrice ?

LA GRAND-MÈRE : Plutôt deux fois qu'une !

MLLE BISCOTTE : OK. Aidez-nous comme vous le pouvez à faire capoter cette rencontre « galante », je ne vous donne pas plus d'explication, mais il se pourrait que par la suite j'intercède en votre faveur auprès de mon patron pour vous obtenir un rôle dans son prochain film. Vous ne craignez pas les scènes un peu libertines ?

LA GRAND-MÈRE : Héhéhé… Ma foi il est temps que je réalise mes rêves ! Mmm… Tiens, j'ai bien fait moi de m'amuser avec la bonne tout à l'heure. Je pense que cela va nous aider. Vous allez voir, on devrait bien rire !

MLLE BISCOTTE : Marché conclu alors !

Entrée de la Duchesse avec le Duc (en tenue de chevalier tout mouillé lui aussi jusqu'à la plume du chapeau), la Bonne (qui s'essuie son visage noir avec une serviette mouillée) et Marie-Cassandre.

LA DUCHESSE : Vite vite, tout le monde en place ! Marie-Cassandre : ton violon ! Louise, pour l'amour du ciel, allez vite vous changer !

MARIE-CASSANDRE : *à Louise :* viens, je vais te prêter des affaires !

LA DUCHESSE : dépêchez-vous !

Marie-Cassandre et Louise sortent par la salle des miroirs.

Faisant les présentations : Je vous présente mon fils, le Duc de Poirail deuxième du nom, titulaire par héritage du titre de noble chasseur de Grizzly, chevalier de…

MLLE BISCOTTE : *la coupant :* Oui bon ben c'est bon j'ai compris, raccourcissez.

LA DUCHESSE : Archibald.

Lui redressant le dos : Tiens-toi droit, voyons ! Voici Mlle Biscotte, ta future épouse.

MLLE BISCOTTE : Haha, ne mettez pas la charrue avant les bœufs ! Je m'attendais à un fier coq et vous m'amenez une poule mouillée ! Il n'a du coq que la plume… *s'approchant du Duc :* Il va devoir faire ses preuves, le chevalier s'il veut que je m'intéresse à lui !

ARCHIBALD : *s'énervant :* Hé ! Les cochons ne se sont pas gardés ensemble !

MLLE BISCOTTE : Qu'est-ce qu'elle dit la poule ?

La Grand-mère se bidonne.

ARCHIBALD : *s'avançant, énervé, vers Mlle Biscotte :* ce qu'elle vous dit que vous savez la poule ?!

MLLE BISCOTTE : Haha. Mais c'est qu'il s'énerverait, Monsieur « Poule ». Ça vous embête si je vous appelle Monsieur « Poule » ? *Elle imite une poule :* Coooooot cot cot cot !

La Grand-mère bat des ailes et rit.

LA DUCHESSE : Voyons Mlle Biscotte, mon fils est de haut rang, je vous prie de…

MME BISCOTTE : Oh, mais oui, c'est un Prince votre fils : c'est le Prince de Motordu ! Haha

LA DUCHESSE : Oh !

LA GRAND-MÈRE : Ha, enfin, une personne sensée qui se rend compte de…

LA DUCHESSE : *la coupant et lui faisant signe de se taire :* Mère !

Entrée de Thomas et Alexis avec un détecteur de métal, une grande loupe, une lampe projetant un laser, des gants de latex, de la poudre, un blaireau de rasage.

THOMAS et ALEXIS : *à Mlle Biscotte, en faisant une courbette :* Madame…

MLLE BISCOTTE : *sèche :* Messieurs.

THOMAS : *à la Duchesse :* nous avons été mis au courant de la situation. Ne vous inquiétez pas, nous avons l'habitude de ce genre de cas. Ne touchez à rien. Notre investigation ne devrait pas durer plus d'une minute.

LA DUCHESSE : Comment ? Mais de quoi parlez-vous donc ?

ALEXIS : N'entravez pas notre enquête s'il vous plaît. Nous sommes experts en la matière. Vaquez à vos occupations, nous nous occupons de tout.

Thomas et Alexis s'approchent de la cheminée et commencent à examiner la cheminée minutieusement, regardent à la loupe, se montrent d'invisibles indices, relèvent des empreintes, passent le détecteur de métal tout autour...

LA DUCHESSE : *d'abord surprise, les regarde faire puis :* Excuzassez-moi... mais il s'agit d'une demande de ramonage...

THOMAS : Mais oui ma petite dame, un ramonage « un peu spécial » (*en imitant des guillemets avec ses mains*) à ce qui nous a été dit... Ne vous inquiétez pas : on gère !

LA DUCHESSE : *sceptique :* Bon, bon... Si vous le dîtes... Vous connaissez votre métier mieux que moi...

Thomas et Alexis repartent en cuisine.

À Archibald : Bon, mon petit Archibald, mettez-vous en position !

ARCHIBALD : En position de quoi ?

LA DUCHESSE : Sur le trône !

ARCHIBALD : Ah oui... Pfffffff.

MLLE BISCOTTE : Bon, elle arrive votre bonne là ou bien vous comptez me laisser crever de faim ?

3e scène

Louise et Marie-Cassandre reviennent. Louise est propre, peignée, avec une grosse fleur dans les cheveux et est vêtue d'une robe d'été légère et de nu-pieds. Marie-Cassandre a son violon.

Thomas et Alexis reviennent avec une perceuse/visseuse électrique, une scie, des tasseaux de bois, des vis, un marteau, des clous, des bougies, des têtes d'ail…

Ils repassent le détecteur de métal et disposent les aulx et les bougies devant la cheminée aux endroits « indiqués » par le détecteur de métal.

LA DUCHESSE : Allez, Marie-Cassandre… *Elle mime le violon.*

Marie-Cassandre démarre de mauvaise grâce un morceau lent horriblement faux au violon.

La Duchesse lui fait signe de se rapprocher de Mlle Biscotte. Alors Marie-Cassandre se place juste sous le nez de Mlle Biscotte.

MLLE BISCOTTE : Qu'est-ce qu'elle me veut celle-là ?

Puis Marie-Cassandre augmente le rythme et la puissance de son morceau de violon, avec agressivité.

MLLE BISCOTTE : Elle n'a pas fini son boucan ? Par pitié, abrégez, abrégez.

Thomas et Alexis percent les tasseaux de bois et vissent pour en faire des croix. Idem avec le marteau et les clous. Ils feront le plus de bruit possible.

Mlle Biscotte se bouche les oreilles.

LA DUCHESSE : *à Louise :* Louise ! Vous bayez aux corneilles ? Allez ! *Elle mime les révérences.*

Louise fait des révérences sautillantes en faisant la tête, veut tirer Mlle Biscotte par la main. Mlle Biscotte ne se laisse pas prendre la main et n'avance pas.

MLLE BISCOTTE : Mais elle va me lâcher celle-là ? Et l'autre, elle va le ranger, son violon par pitié ? ! Elle est pas faite pour ça, vous voyez bien !

Louise s'impatiente, mime des révérences de plus en plus grotesques puis la tire violemment par le bras vers Archi.

Je vous interdis de me toucher !

Louise la tire de force vers Archibald, prend la main d'Archi et devant la réticence de Mlle Biscotte, elle essaye de lui faire courber la tête de force vers la main d'Archi en mimant des baisers. Archi détourne ostensiblement la tête.

Mais vous êtes cinglée !

De son autre main, elle menace la Duchesse :

Je vous préviens : tout Poirail entendra parler de vos manières d'accueillir le beau monde !

Louise hausse les épaules et baise elle-même la main d'Archibald. Surpris, il la regarde. Elle lui sourit puis fait mine de repartir en cuisine quand Marie-Cassandre se jette dans les jambes de Mlle Biscotte en lui donnant un grand coup de violon dans les tibias et termine sa musique ainsi. Mlle Biscotte hurle exagérément :

MLLE BISCOTTE : AÏE ! AÏE AÏE. Mais vous êtes folle !

Elle se plie en deux puis se roule au sol aux pieds d'Archibald en criant :

AÏE AÏE AÏE Oh là là, AÏE AÏE AÏE.

La Duchesse panique.

LA DUCHESSE : Oh mon dieu, oh mon dieu ! Mlle Biscotte !

À Marie-Cassandre : Mais enfin Marie-Cassandre, qu'est-ce qu'il t'a pris ?

MLLE BISCOTTE : Vous m'avez cassé la jambe c'est sûr ! Aïe Aïe Aïe ! Ouille Ouille Ouille.

La Grand-mère applaudit en riant.

Les employés accourent avec la scie et la perceuse à la main.

THOMAS : Vous avez besoin d'un coup de main ?

ALEXIS : Il faut amputer ?

LA GRAND-MÈRE : Haha ! Vous allez tous me faire mourir de rire. Bravo, continuez ! Vraiment drôle cette farce. Haha.

LA DUCHESSE : Mère !

MARIE-CASSANDRE : Hé ho, c'est bon, faut pas exagérer, Mlle Chochotte !

MLLE BISCOTTE : Biscotte !

MARIE-CASSANDRE : Oui, bon…

LA DUCHESSE : Louise ! Aidez Mlle Biscotte à se relever !

LOUISE : Madame peut le faire elle-même.

LA DUCHESSE : *surprise :* Louise ?!

Louise hausse les épaules et relève Mlle Biscotte sans ménagement. Elle l'époussette en la tapant bien franchement un peu partout.

MLLE BISCOTTE : Enlevez vos sales pattes !

Thomas et Alexis se remettent à monter leurs croix en bois à coups de marteau et de visseuse.

LA DUCHESSE : *faisant des signes à Archi…*

Archi fera mine de ne pas comprendre.

Eh bien, mon petit Archibald… N'aviez-vous pas quelque chose à dire à Mlle Biscotte ?

ARCHIBALD : Ben elle m'a pas baisé la main alors je vois pas pourquoi je devrais…

MLLE BISCOTTE : hein ? Lui ? Autant baiser le cul d'une poule oui !

LA DUCHESSE : Oh !

LA GRAND-MÈRE : Haha, Mon petit Archibald, tu sais ce qu'il te reste à faire ? Présente tes fesses à Mademoiselle !

LA DUCHESSE : Mère ! Oh !

À Archibald : Allez mon fiston, ne te laisse pas décourager… récite donc…

ARCHIBALD : *en serrant les dents :* Elle ne me donne pas trop envie de le dire mon poème…

MLLE BISCOTTE : Un poème ?! Non, mais j'hallucine ! Vous vous croyez à quelle époque ? Allez, sors-le-moi ton truc que je me marre !

THOMAS et ALEXIS : *commencent à psalmodier à haute voix lentement des « incantations » en brandissant leurs croix devant la cheminée :*

Volo felecitatem in vita habere, dentesaugmento levicorpus, petrificus totalus *(insister sur ce dernier en parlant plus fort).*

Tous les regardent, étonnés, un peu inquiets.

ARCHIBALD : *se raclant la gorge, puis avec hargne :* Hum Hum ! Ode à Poirail, le valeureux Duc.

Thomas et Alexis commencent une « chorégraphie » de mouvements, type enchaînement de postures de yoga bizarres, et répètent avec concentration leurs phrases pendant le poème, mais en baissant le son :

Rajouter : spero patronum, rictus sempra, protego horribilis, liberacorpus, Incarcerem furonculus, expelliarmus, avada kedavra, destructum, etc… *(reprendre en boucle).*

MLLE BISCOTTE : Oh punaise… je m'attends au pire…

ARCHIBALD : La frauduleuse légende, de heu… laissez-moi vous dire, sympathiques gens… heu… à propos du Duc de Poirail là…

LOUISE : *soufflant à Archibald :* Il naquit, il naquit !

ARCHIBALD : Ah oui, il se naquit d'une mystérieuse âme bénie de la contrée étoilée de Poirail…

MARIE-CASSANDRE : *soufflant à Archibald :* Non ! « d'une pluie d'étoiles, naquit… »…

ARCHIBALD : Ah oui heu ... *regardant Louise et Marie-Cassandre, cherchant leur approbation :* D'une pluie d'étoiles, naquit… heu… il y a fort longtemps ?

LOUISE : *avec enthousiasme :* Oui c'est ça !

ARCHIBALD : Heu… une « noble » ?

MARIE-CASSANDRE : oui !

ARCHIBALD : Heu… « âme » ?

LA DUCHESSE : Oui, mon chéri ! Continue !

ARCHIBALD : Bénie de mes deux !

MLLE BISCOTTE : Haha, quelle andouille ! « Bénie de mes deux » ! Bravo, je note la formulation, merci, c'est parfait. *Elle note dans son calepin.*

LOUISE : Bénie des Dieux, Archibald…

THOMAS : Heu… Excusez-nous, notre procédure de nettoyage karmico-chemino-fantomatique vous perturbe peut-être un peu ?

LA DUCHESSE : Pardon ?

THOMAS : Oui, nous avons l'impression que le gosse a comme besoin de concentration là… Si vous voulez, on peut interrompre le chantier un moment.

LA DUCHESSE : Non, non ! Poursuivez. Ne vous occupez pas de nous. Faites votre… chemino-vampiro… enfin votre truc quoi.

ALEXIS : D'autant que nous commençons à obtenir de sérieux résultats. Les signes de la fin sont là.

Un petit temps mort.

THOMAS : *tapote la cheminée et répète plus fort :* Hein ! Les signes de la FIN du FANTÔME sont là !

VOIX DU CLOWN SORTANT DE LA CHEMINÉE : ATCHOUM !

LA DUCHESSE : Mon Dieu ! Faites donc, achevez votre travail s'il vous plaît... *À Archibald :* Reprends mon petit, reprends.

Thomas reprend les mouvements et les incantations à voix basse et Alexis écoute la suite du poème.

ARCHIBALD : Là je sais ! Fort comme Apollon, d'une beauté égalant celle d'Hercule, ou Aphrodite, je ne sais plus, ce surhomme, devenu chevalier, parti en quête... dans la forêt d'à côté.

Euh... tout poireau jure... Heu oui oui ils jurent tous oui... Ah oui : dans leur motel...

MARIE-CASSANDRE et Louise : sur les autels !

ARCHIBALD : Oui c'est ça, sur les autels, enfin à l'église quoi, ils jurent le combat de témoignage légendable que ce Duc a fait en se destinant d'or et de courage.

Tous sont perplexes (un petit temps mort).

ARCHIBALD : Ha et l'honneur aussi ! J'avais oublié. Vous pouviez pas comprendre sinon.

ALEXIS : *regardant Archibald avec admiration et s'essuyant les yeux :* C'est beau !

MLLE BISCOTTE : Ha parce que vous avez compris quelque chose vous ? C'est naze. Jamais entendu plus nul. Allez, c'est fini, arrêtons le massacre.

LA GRAND-MÈRE : Bon il faut s'imaginer la harpe aussi, forcément, a cappella ça aide pas !

Alexis reprend les mouvements et incantations avec Thomas.

LA DUCHESSE : Attendez, attendez Mlle Biscotte. Vient le passage le plus important, écoutez encore, écoutez encore, je vous priasse ! Laissez le charme opérationner.

MLLE BISCOTTE : Ben voyons ! Vous croyez encore au grizzli vous !

LA DUCHESSE : Non, non, justement, écoutez bien la suite ! Vas-y mon petit, tu vas y arriver !

ARCHIBALD : Oui donc heu… d'un tonnerre de remparts… Heu et d'une gloire exploitée sous la bannière pourfendue des terres il… il tua le lizzgri ! Ah oui, c'était pour sauver sa princesse !

MLLE BISCOTTE : Rien compris. Allez c'est bon. *Elle fait mine d'aller à table.*

LOUISE : Mais vous n'écoutez rien aussi…

LA GRAND-MÈRE *: à la Duchesse :* Et bien tu vois, il n'a pas besoin de moi pour se ridiculiser ce petit, il sait très bien le faire tout seul !

LA DUCHESSE : Mère ! Taisez-vous ! *à Mlle Biscotte :* Attendez, attendez, ce que mon cher fils voulait vous dire, c'était… *avec emphase, face au public, levant les bras au ciel :* « Villes et remparts, tonnerre d'exploit, comme parent des Dieux, de gloire méritée, le valeureux Duc de Poirail, plus que nul autre aventureux, pourfendit épiquement, sous la bannière de Poirail, et pour sauver sa ravissante, bellissimement grâcieuse princesse, le terrible Grizzli qui sèmassionnait la terreur sur les terres des poireaux depuis des temps infinis ».

MLLE BISCOTTE : *la regardant bizarrement :* Okay, j'ai compris : ça ne va pas bien dans vos têtes.

Comme si j'avais besoin d'une confirmation après le genre de l'accueil…

LA DUCHESSE : *en extase, se mettant à genou face au public :* Célébrons la grandeur du Valeureux Duc de Poirail ayant rejoint les dieux par ce fait d'armes valeureux !

THOMAS et ALEXIS : *enchaînent immédiatement avec la dernière incantation scandée à haute voix, en sautant devant la cheminée :* Wingardium Leviosa !

THOMAS : *à Alexis :* Va vite chercher le patron pour le final, on a besoin de lui ! *Il continue de sautiller devant la cheminée en répétant Wingardium Leviosa.*

ALEXIS : Oui ! *Il court en cuisine.*

VOIX DU CLOWN SORTANT DE LA CHEMINÉE : (*râle)* : Haaaaaaaaaa…

MLLE BISCOTTE : *allant s'asseoir à table, sur la plus belle chaise, celle qui était désignée pour le Duc par la Duchesse précédemment :* Bon, tu m'as assez fait rire le guignol, c'est pas tout, mais j'ai la dalle moi, qu'est-ce qu'on bouffe par ici ?

MARIE-CASSANDRE : Viens, Louise. *Elle l'entraîne dans la cuisine.*

4e scène

Le Patron arrive en courant avec un furet de ramonage, et un fusil de chasse. Alexis porte une vieille couverture, un sceau en métal et un grand balai.

LE PATRON : Ne vous inquiétez pas. Tout va bien se passer !

LA GRAND-MÈRE : Oh… un fusil de chasse, ça vous habille un homme ! Je suis sous le charme. Nous comptons sur vous très cher.

LA DUCHESSE : Bon, heu… *à Mlle Biscotte :* Archibald va vous présentationner le somptissime menu que nous avons concoctassé spécialement à votre effet.

Elle rapproche le paperboard avec les dessins du menu.

Le Patron écoute la cheminée. Alexis installe la couverture devant la cheminée.

LE PATRON : *(à la cheminée) :* Wingardium Leviosa !

VOIX DU CLOWN SORTANT DE LA CHEMINÉE : *(râle) :* Haaaaaaaaaa…

LA DUCHESSE : Allez-y, Archibald, présentationnez.

Elle montre ensuite avec une baguette chaque dessin cité par le Duc.

ARCHIBALD : Bon, alors voilà on va vous coller de la soupe de Calamar géant Indois…

Le Patron essaye de passer le furet de ramonage dans la cheminée. Thomas et Alexis psalmodient encore à voix basse leurs incantations (répéter : petrificus totalus, spero patronum, rictus sempra, protego horribilis, liberacorpus, Incarcerem furonculus, expelliarmus, avada kedavra, destructum…) en dansant comme une danse de la pluie.

MLLE BISCOTTE : *avec une grimace :* J'aime PAS le calamar. Alors géant en plus…

ALEXIS : Elle est trop coincée ! Dégage-la !

MLLE BISCOTTE : Pardon ?! À qui il parle lui ?!

ALEXIS : Heu… la brossette, le hérisson bien sûr…

ARCHIBALD : Eh bien, ça s'apprend d'aimer ! Et ensuite d'apprécier la brûlade de Licorne, vous avez intérêt ! Et les continents africains saucés qui vont avec !

MLLE BISCOTTE : *à la Duchesse :* Ah ! Je savais bien que votre bonne était africaine !

LE PATRON : *prenant le balai comme une baguette magique et menaçant la cheminée :* Wingardium Leviosa !

VOIX DU CLOWN SORTANT DE LA CHEMINÉE : *(râle) :* Haaaaaaaaaa…

ARCHIBALD : Et sûrement pas que vous mériterez l'entrepet… *réfléchissant :* vet… ret… det… met ! de Dahut avec de la super bonne sauce aux épices de Mars.

MLLE BISCOTTE : Sûrement dégueulasse votre entrepetvetrestdetmet étranger de toute façon !

ARCHIBALD : *s'approchant du visage de Mlle Biscotte, menaçant :* Vous pourrez savoir où le carrer l'entre…de mes ?

MLLE BISCOTTE : *se levant et attaquant également :* Elle a un problème la poule ?

LA DUCHESSE : *en pointant Archibald avec sa baguette :* Archibald, reprenez-vous ! Je vous rappelle que pour la survie du manoir vous…

LE PATRON : *la coupe en lui prenant subitement sa baguette des mains et crie à la cheminée en lui jetant le sort :* « ADAVRA KEDAVRA » !

Simultanément : Bruit d'une explosion – cri de mort (voix du clown dans la cheminée) et projections (abondantes et répétées) de confettis sortant de la cheminée (on peut allumer un fumigène également, la fumée sortant de la cheminée).

Thomas court sonner la cloche en riant.

Rideau – fin acte 2

Acte 3

1re scène

Alexis et Thomas ramassent les confettis avec le balai et plient la couverture, mettent tout dans le seau en métal.

Archibald et Mlle Biscotte sont toujours debout prêts à se jeter l'un sur l'autre. Ils vont interagir sans que la Duchesse ni la grand-mère ne les voient.

LE PATRON : Et voilà le travail !

LA DUCHESSE : PoirailLand vous remercie vivassement. Vous êtes d'une telle efficacité… que j'en viendrais à me demander si, peut-être… pourquoi pas… Soissiez-vous intéressé pour restationner à notre service ?

MLLE BISCOTTE : *en « battant des ailes » à Archibald :* Cot cot cooooôoot…

ARCHIBALD : Nom d'un chat ! Vous asseoir et vous la fermer votre bouche c'est un intérêt !

LA GRAND-MÈRE : Si je puis me permettre ma fille, nous avons justement un instructeur à embaucher pour Louise…

LE PATRON : Voyons, je suis gêné, je ne suis pas sûr d'être à la hauteur, voyez-vous, au service de quelqu'un de votre rang… cela demande à réfléchir…

Alexis et Thomas se poussent du coude et se font des clins d'œil.

MLLE BISCOTTE : *plus fort et avec plus d'insistance, battant fort des ailes :* COT COT COT fait la poule !

Archibald lui saute au cou et tente de l'étrangler.

LA GRAND-MÈRE : En plus ce Monsieur visiblement comprend ton langage particulier ma fille… un bon point pour lui !

LE PATRON : Écoutez, je vais y réfléchir. En attendant, vous nous avez engagés présentement pour une question d'aménagement d'intérieur également, c'est bien cela ?

Pendant ce temps Archibald envoie des coups de poing à Mlle Biscotte. Cette dernière pare les coups. Le tout en silence.

LA DUCHESSE : tout à fait. Voyassez-vous, nous auriâmes nécessité de faire coïncidassionner l'aménagement et la décoration de notre intérieur avec toute la noblesse de notre rang.

LE PATRON : Oui, je comprends, bien entendu. Vous avez tout à fait raison de souhaiter améliorer ce point.

Alexis et Thomas se font de nouveau des clins d'œil.

Pendant ce temps Archibald tape la tête de Mlle Biscotte sur la table à plusieurs reprises (comme du catch). Mlle Biscotte se défend en donnant des coups de pied à Archibald. Ils sont relativement silencieux.

LA DUCHESSE : Très bien. Je vous laisse en discutationner avec ma fille Marie-Cassandre en cuisine qui vous donnera les détails de nos premières idées d'aménagement. Vos conseils seront les bienvenus.

LE PATRON : *avec une révérence :* À vos ordres, ma Chère Demoiselle.

Le Patron, Alexis et Thomas partent en cuisine.

LA DUCHESSE : *rougissant, à la Grand-Mère :* Oh… Il m'a appelé « ma Chère Mademoiselle » …

LA GRAND-MÈRE : Hé hé…

La Duchesse et la Grand-mère se retournent et voient, Mlle Biscotte, la tête plaquée contre la table, qui essaye de donner des coups de pied.

LA DUCHESSE : Oh Mon Dieu ! Archibald !

Elle délivre Mlle Biscotte et prend Archibald par le bras, l'emmène devant la scène.

ARCHIBALD : Mère ! Laissez son compte que je régule !

LA DUCHESSE : Mon petit… voyons… nous devons prendre grand soin de votre prétendante ! Il s'agit de notre unique chance !

ARCHIBALD : J'en ai rien à…

MLLE BISCOTTE : *coupant Archibald et hurlant de la table :* APPORTEZ-MOI CE FICHU REPAS AVANT QUE JE LUI EXPLOSE LA TÊTE AU COQ DE MOTORDU !

LA GRAND-MÈRE : Il faudrait savoir Mademoiselle : poule ou coq ?

Louise entre avec un seau de chantier en ferraille rouillé qu'elle pose violemment sur la table devant Mlle Biscotte.

MLLE BISCOTTE : Qu'est-ce que c'est que ça ?

LOUISE : Votre soupe de Calamar géant des Indes !

Louise lui sert de grosses louches dans le bol à pique-nique.

Voilà. Servez-vous bien vous qui avez si faim. Le Calamar géant des Indes a des vertus particulières au niveau des intestins. Vous m'en direz des nouvelles !

Archibald et la Duchesse prennent place à table. Louise les sert.

Mlle Biscotte se jette sur la soupe et la dévore goulûment.

Marie-Cassandre entre.

MARIE-CASSANDRE : Voilà mère. J'ai traité avec les employés et leur patron. Nous nous sommes expliqués… enfin, je leur ai tout expliqué, je veux dire… Tout devrait bien se passer. Ne t'inquiète pas : ils vont s'occuper du réaménagement intérieur comme il se doit.

Elle glisse quelques mots à l'oreille de Louise, ainsi qu'un clin d'œil (surprise de Louise) et rejoint la petite table avec la grand-mère. Louise les sert.

LA DUCHESSE : Eh bien… Nous vous laissâmes « papoter » *(elle mime les guillemets)* entre amoureux… Hein !

Elle pousse Archibald du coude et fait un signe de se taire à la grand-mère et à Marie-Cassandre qui haussent les épaules.

ARCHIBALD : *bougon :* Mmpfff. *Il mange, le nez dans sa soupe.*

Le Patron entre.

LE PATRON : Excusez-moi très chère Madame la Duchesse.

LA DUCHESSE : Oui, Monsieur ?

LE PATRON : Puis-je monter aux étages me faire une idée des réaménagements à envisager ?

LA DUCHESSE : Oui, bien sûr. Faites donc. Prenez l'escalier. Vous pouvez accéder aux deux étages du dessus.

Il monte aux étages (greniers...)

Bien. Reprenons... Où en étiez-vous mes petits ? Allez-y, ne soyez pas timides. Engagez la conversation !

MLLE BISCOTTE : Hum... Alors comme ça vous...

Louise panique, coupe Mlle Biscotte en se mettant à chanter (et à danser avec la louche) pour attirer l'attention d'Archibald sur l'air d'« Emmène-moi danser ce soir » de Michèle Torr :

LOUISE : « Emmène-moi danser ce soir...

Vire la mégère et restons serrés dans le noir... »

Marie-Cassandre et la Grand-mère se font des clins d'œil et sourient.

MLLE BISCOTTE : Elle a un grain, votre bonne, non ?

LA DUCHESSE : Louise ! Qu'est-ce qu'il vous prend ? Voyons, laissassez nos deux tourtereaux faire plus ample connaissance. Taisez-vous donc.

LOUISE : *continue sur le même air :* « Fais-moi la cour comme aux premiers instants... »

ARCHIBALD : Louise ? mais que...

Thomas entre en portant de vieux coussins pleins de poussière.

LOUISE : *continue sur le même air :* « Comme cette nuit où tu as pris mes dix -sept ans... »

MARIE-CASSANDRE : *se lève et accourt vers Thomas :* Non, non ! Ne déplacez pas ces vieux coussins, ils étaient très bien là où ils étaient !

THOMAS : *tape sur les coussins, en faisant jaillir la poussière :* Ah bon ? Vous êtes sûre ?

MARIE-CASSANDRE : Ah-A-ATCHOUM !

Louise sursaute, hésite, gesticule, semble demander l'approbation de Marie-Cassandre puis court derrière Mlle Biscotte et lui met violemment la tête dans son assiette de soupe. Thomas montre la surprise.

MLLE BISCOTTE : AArghglouglou, mais elle est malade, votre sauvage ! *Elle se lève.*

LA DUCHESSE : Louise ! Mais vous avez perdu la tête ? Que vous arrive-t-il ?

LOUISE : *calmement :* Mes pieds se sont pris dans le tapis Madame. Je vous prie de m'excuser. Avec votre permission Madame, je m'en vais en cuisine chercher une étoffe pour nettoyer Mademoiselle, Madame.

La Grand-mère, Marie-Cassandre et Archibald ricanent.

LA DUCHESSE : Courrez donc Louise !

Louise sort en cuisine tout lentement, ainsi que Thomas.

MLLE BISCOTTE : Ça va remonter haut vos affronts Mme la soi-disant Duchesse ! Très haut je vous dis !

LA DUCHESSE : Je vous prie de bien vouloir excusationner notre bonne. Elle est un peu maladroite…

ARCHIBALD : Louise n'est pas si maladroite mère vous savez…

LA DUCHESSE : Archibald, concentrez-vous sur Mlle Biscotte, vous avez…

Elle est coupée par le retour de Louise avec un vieux torchon plein de suie. Elle file direct « nettoyer » de force le visage plein de soupe de Mlle Biscotte qui devient noir de suie.

LOUISE : Et voilà, toute propre ! Oups…

Marie-Cassandre, la grand-mère, Archibald et la Bonne rient.

MLLE BISCOTTE : Qu'est-ce que vous m'avez fait ? *Elle voit le torchon plein de suie :* Grrrrrrr vous allez me le payer !

LA GRAND-MÈRE : Louise, je crois que Mlle Biscotte a un besoin urgent de faire ses ablutions. Veux-tu bien la conduire dans la salle d'eau pour lui refaire une beauté ?

LA DUCHESSE : Heu… oui ! C'est ça. Allez-y Louise.

Louise et Mlle Biscotte sortent côté salle aux miroirs, Louise la prenant par les épaules, Mlle Biscotte rageant.

ARCHIBALD : Bien fait pour elle !

LA DUCHESSE : Archibald ! Voyons ! Mais vous en rendez-vous compte ? C'est dramatique !

ARCHIBALD : Je l'aime pas, la vieille pimpioche.

MARIE-CASSANDRE : Pimbêche Archi…

ARCHIBALD : Ouais c'est ça. Elle dit du mal de Louise. Tête de bêche va !

MARIE-CASSANDRE : De pioche, Archi…

ARCHIBALD : Ouais de pioche, c'est ça !

LA DUCHESSE : *en tremblant :* Archibald, mon petit Archibaldounet, s'il vous plaît, faitassiez un effort, soyassez des plus aimables avec Mlle Biscotte. Il s'agit de votre avenir. Que dis-je ? De NOTRE avenir à tous au manoir. Je vous en prie… pour votre petite mamounette adorée… hein ?

Elle lui pince la joue. Il grimace.

Louise et Mlle Biscotte (le visage lavé) reviennent en riant, se tordant de rire toutes les deux en se tenant par les épaules comme des amies puis redeviennent sérieuses et semblant être fâchées l'une contre l'autre.

LA DUCHESSE : Vous avez l'air de vous être réconciliées… C'est bien ça. C'est très bien…

LOUISE : Vous avez fini, je vous débarrasse. Puis je vous apporte le sauté-cramé… Heu… je veux dire la Carbonade de Licorne.

MARIE-CASSANDRE : Je vais t'aider Louise !

Elles enlèvent les assiettes de soupe et les portent en cuisine.

LA DUCHESSE : Nous en étions où de notre discussion ? Ah oui, Mlle Biscotte, je crois que vous en étiez à vous enquérir des goûts d'Archibald en matière de Poésie…

MLLE BISCOTTE : Ah non ! Là je crois que vous rêvez en fait. J'en ai strictement rien à faire des goûts de Monsieur pour la Poésie. En plus, j'ai eu un aperçu de son talent particulier en la matière tout à l'heure avec son poème incompréhensible, ça m'a suffi. Croyez-moi.

Louise revient chercher la soupière, qu'elle ramène en cuisine. Marie-Cassandre revient chercher les autres assiettes qu'elle porte en cuisine également.

ARCHIBALD : Il n'est pire gourde que celle qui ne veut pas comprendre… *il réfléchit…* entendre ! Vous êtes gourde ? Enfin, sourde ? *avec un regard mauvais vers Mlle Biscotte.*

MLLE BISCOTTE : *à la grand-mère :* il est né comme ça ou ça lui est venu sur le tard ?

LA GRAND-MÈRE : Vous vous y ferez, vous verrez.

Arrive la dompteuse.

LA DOMPTEUSE : Bonjour, bonjour ! Je ne suis pas trop en retard j'espère !

LA DUCHESSE : Mais… mais ! Vous êtes qui vous ? Et pourquoi descendez-vous des étages ?!

LA DOMPTEUSE : Irène, pour vous servir !

LA DUCHESSE : Irène ? Mais… qui êtes-vous ? Que faites-vous chez nous ?

LA DOMPTEUSE : Je suis… je suis… une prétendante !

LA DUCHESSE : Ah bon ? vous avez vu notre annonce ?

LA DOMPTEUSE : Oui, oui, c'est ça. Il est où le Duc ?

LA GRAND-MÈRE : *montrant Archibald du doigt :* C'est le nigaud là !

LA DOMPTEUSE : *visiblement déçue :* Ha ! *(un temps).* Bon. D'accord… Mmm ça fera l'affaire.

Elle va s'asseoir directement sur les genoux d'Archibald.

Qu'est-ce que vous êtes mignon !

En même temps :

ARCHIBALD : Hein ? Mais… !

LA DUCHESSE : Mademoiselle, voyons !

Louise revient de la cuisine avec le sauté cramé (un gros truc tout brûlé, tout noir).

Elle n'a pas tout de suite vu la Dompteuse, concentrée sur le plat à déposer sur la table à la place de l'assiette de Mlle Biscotte (juste sous elle). Archibald essaye de se débarrasser de la Dompteuse qui s'accroche à lui sur ses genoux.

LOUISE : Et voici la fameuse carbonade de licorne, vous allez vous régaler.

MLLE BISCOTTE : *incommodée et se frottant le ventre :* votre soupe de Calamar géant me reste déjà sur les intestins… c'est bizarre…

Marie-Cassandre entre avec de nouvelles assiettes à pique-nique. Elle voit immédiatement la Dompteuse sur les genoux d'Archibald.

MARIE-CASSANDRE : ATCHOUM !

Louise est alertée par le signal de Marie-Cassandre et se tourne vers elle avec interrogation.

Marie-Cassandre lui montre la Dompteuse et Archibald du doigt.

LOUISE : Oh mon Dieu ! Archibald !

MARIE-CASSANDRE : ATCHOUM ! ATCHOUM ! ATCHOUM !

LA DUCHESSE : Auriez-vous pris froid ma fille ?

LOUISE : *panique, hésite, montre l'urgence d'agir en gesticulant les mains en l'air puis fonce vers la Dompteuse et la tire hors des genoux d'Archibald :* Ne touchez pas à mon Archi !

ARCHIBALD : *ému :* Mon Archi ?

LA DUCHESSE : *surprise* : Mon Archi ?

LA GRAND-MÈRE : *riant :* Mon Archi !

MLLE BISCOTTE : *feignant la colère :* Comment ça VOTRE ARCHI ?!

LOUISE : *en chantant sur l'air de « I will always love you » de Whitney Houston et en déchaussant son pied gauche :* Et moiiiaha, JE – E-E… t'aimerai TOUjours-OU-ou-ou-our…

Elle lui pose son pied gauche sur les genoux : Oui moiiiaha, JE-E-E… t'aimerai TOUjours… OU-ou-our…

LA GRAND-MÈRE : *applaudissant :* Haha ! Bravo ! Bravo ma petite !

LA DUCHESSE : Mère ? ! Mais Louise ! Qu'est-ce qui vous prend ?! Vous avez perdu la tête ?!

ARCHIBALD : *très ému, la regarde avec de grands yeux amoureux :* Louise… *Il prend son pied dans sa main.*

LOUISE : *pointant le doigt vers la Dompteuse et à Mlle Biscotte, en essayant de garder l'équilibre sur un pied :* D'Archi pas un beau de ses cheveux, vous toucherez ! Je sais attraper les peaux de vaches par les cornes moi !

LA GRAND-MÈRE : Parfait ma petite Louise, parfait ! Haha.

LA DOMPTEUSE : Mais je croyais que le Duc de ce manoir était un cœur à prendre…

Entre Alexis portant une (plutôt grande) poubelle de cuisine et cherchant des yeux où l'installer.

ALEXIS : Excusez-moi de vous interrompre, mais je pense que cet objet décoratif, que dis-je, cette œuvre d'art, serait mieux mise en valeur dans ce salon…

LA DOMPTEUSE : *tombant immédiatement sous le charme d'Alexis, s'approche de lui, le fixe :* Oh ! Je crois que j'ai comme un coup de foudre ! Monsieur… ?

ALEXIS : *avec une révérence sans lâcher la poubelle :* Vous pouvez m'appeler Alexis, Mademoiselle. Et je suis à votre service.

MARIE-CASSANDRE : En fait, cette jeune dame est une seconde prétendante pour mon frère le Duc…

ALEXIS : Ha ? *à la Duchesse :* Je vous prie d'excuser ma méprise Madame…

MARIE-CASSANDRE : Non, mais c'est très bien ! N'est-ce pas Louise ? ATCHOUM !

LOUISE : Heu oui oui ! Mais carrément ! *Poussant Alexis et la Dompteuse vers la cuisine :* D'ailleurs allez donc discuter en cuisine tous les deux. Je suis sûre que vous avez plein de choses à vous dire pour faire plus ample connaissance !

ALEXIS : *posant la poubelle au sol, pressé de suivre la Dompteuse en cuisine :* Heu… vous trouverez bien vous-mêmes le meilleur endroit pour l'œuvre d'art, hein ?

MARIE-CASSANDRE : Oui, oui, ne vous inquiétez pas. On gère !

Ils sortent en cuisine. Louise revient et va entourer Archibald de ses bras.

MARIE-CASSANDRE : *se levant et se dirigeant vers la porte menant aux étages :* Ha je me souviens maintenant que j'ai oublié de donner certaines consignes de travail à Monsieur Dugenou ! Je reviens !

LA DUCHESSE : Monsieur Dugenou ? Qui est-ce ?

Marie-Cassandre sort par la porte qui monte aux étages.

Thomas entre (de la cuisine) en portant (avec grands efforts) un long matelas.

THOMAS : J'ai trouvé ceci en cuisine. Je pense qu'il sera plus utile dans les chambres…

Il fait mine de trébucher et tombe avec le matelas sur Mlle Biscotte qui plonge le nez dans la carbonade de licorne.

MLLE BISCOTTE : HHAAAARGHHH !

LA DUCHESSE : Mlle Biscotte ! Non ! Encore ?! Mais quelle catastrophe ! veuillez pardonnasser notre employé. Décidément, je ne comprends pas tout ce qui arrive. Excusationnez-nous, je vous priasse…

Louise, Archibald et la grand-mère éclatent de rire.

MLLE BISCOTTE : *hurlant :* Mais je suis chez des fous ! J'en peux plus ! J'EN PEUX PLUS ! Gardez-le votre fils, j'en veux pas ! Surtout pas ! *Elle se lève et se tord le ventre, pliée en deux :*

En plus, vous m'avez sûrement empoisonnée avec votre Calamar ! Adieu !

Elle s'enfuit par la porte d'entrée.

LA DUCHESSE : Mais ! Mlle Biscotte, votre manteau ! *Elle crie par la porte :* Mlle Biscotte !

Elle panique : Tout est fichu, elle s'est enfuie ! C'est la fin des haricots ! Tous nos espoirs s'envolent. Non, ce n'est pas possible… je ne peux me résoudre… le manoir…

LA GRAND-MÈRE : Je crois qu'elle n'a pas apprécié les topinambours…

Archibald, la grand-mère et Louise rient.

2e scène

Marie-Cassandre redescend des étages, accompagnée du Patron et de toute la troupe de cirque.

LA DUCHESSE : Mais ! Mais ! Que cela signifie ? Je ne comprends pas. Qui êtes-vous ? Marie-Cassandre… ?

MARIE-CASSANDRE : Mère, asseyez-vous. Je vais tout vous expliquer. Tout le monde ici a des explications à donner.

Elle l'emmène s'asseoir à sa place, sur la table devant, près de la grand-mère.

Monsieur Dugenou, voulez-vous bien commencer ? Parlez-nous de la lettre, de votre film, de vos employés et… de la surprise s'il vous plaît.

LA DUCHESSE : Mais ! que…

MARIE-CASSANDRE : Taisez-vous donc un peu, mère, et écoutez.

LE PATRON : Ma très chère, vous me trouvez bien navré d'avoir à vous annoncer que tout ceci est une mascarade montée de toute pièce contre vous.

LA DUCHESSE **:** Comment cela ? Expliquez-vous, Monsieur, je vous prie…

LE PATRON : *théâtralement :* Ceci est une caméra cachée !

Marie-Cassandre, Louise, la grand-mère, Thomas, Alexis et toute la Troupe de Cirque entourent la Duchesse, applaudissent et rient.

ARCHIBALD : Hein ? Qu'est-ce qu'il se passe ?

LA DUCHESSE : *surprise :* Quoi ? Ha ! *puis riant :* Oh ! Vous m'avez fait peur, mon Dieu que vous m'avez fait peur. Je me suis bien fait avoir ! haha… Mais alors, je vais passer à la télé ? Oh ! *Elle se lisse machinalement les cheveux, cherche du regard les caméras et lance des sourires, puis, réfléchissant… :* Mais ! Je ne comprends toujours pas !

ARCHIBALD : Heu… moi non plus je ne comprends rien… C'est quoi tout ce cirque ?

LE PATRON : Haha oui, c'est normal. Je vais tout vous raconter. J'espère que vous me pardonnerez.

Il prend son téléphone portable et appelle.

Diane ? Ça y est, c'est bon, tu peux revenir s'il te plaît ?

Mlle Biscotte revient de dehors immédiatement.

LA DUCHESSE : mais ! Mlle Biscotte…

ARCHIBALD : Ah non, pas elle encore !

MLLE BISCOTTE : *avec une révérence et une poignée de main à la Duchesse et à Archibald :* Diane, de Poitiers, pour vous servir. Vous vous êtes bien défendus, bravo ! Je n'ai pas été facile avec vous. Vous vous êtes bien débrouillés.

LA DUCHESSE et ARCHIBALD : Mais que ?

LE PATRON : (*chacun fera une courbette à l'énonciation de son nom et les autres applaudiront)* Voici donc mes acteurs : Diane, votre chère Mlle Biscotte, Irène ma dompteuse de lions, Sandra, la funambuliste, Hyacinthe mon clown, mon p'tit Philippe le zombi du cimetière, François dont vous connaissez le nom de scène : Thomas, et Alexis… qui s'appelle vraiment Alexis : mes faux employés de maison.

Tous se tiennent par la main et font une révérence finale de spectacle.

ARCHIBALD : Heu… Mère… vous pigez quelque chose vous ? Parce que moi, là…

LA GRAND-MÈRE : *avec un grand sourire :* Moi je sais ! Moi, je sais… N'est-ce pas, mon petit Alexounet chéri ?

LA DUCHESSE : Mère !

LE PATRON : *allant chercher la petite caméra placée au-devant à son arrivée :* En fait, vous avez participé à votre insu au tournage du film « Surprises au manoir » et tout est enregistré là-dedans !

LA DUCHESSE et ARCHIBALD : Ah bon ?!

LA DUCHESSE : Mais alors… Mlle Biscotte… vous n'êtes pas une prétendante pour mon fils ?

MARIE-CASSANDRE : En fait, mère, Monsieur Dugenou a tout inventé : la lettre de la reine, l'obligation de descendance, la fausse prétendante, le sabotage de l'entrevue avec la fausse prétendante…

LA DUCHESSE : Mais, mais ! *Lève les bras en souriant, joyeuse et soulagée :* Mais on ne risque pas d'être chassés du manoir alors ?

ARCHIBALD : Et je n'ai pas à épouser la pimpioche alors !

LOUISE : Et nous pourrons faire plein de bébés ensemble mon Archi !

ARCHIBALD : *heureux :* Louise ! *Il se jette dans ses bras.*

LA GRAND-MÈRE : Ah, c'est beau l'amour !

LA DOMPTEUSE DE LIONS : *prenant Alexis dans ses bras :* on fera plein de bébés nous aussi mon Alexounet ?

LA GRAND-MÈRE : Bon, d'accord, je vous le laisse. Mais à une condition : *elle se tourne vers Monsieur Dugenou :* Vous m'intégrez à votre troupe d'acteurs ! Je veux jouer avec votre équipe dans vos prochains films !

LE PATRON : C'est d'accord. *Il se tourne vers la Duchesse :* Mais à une condition également : vous m'employez dans votre manoir !

LA DUCHESSE : *se précipitant :* Oh ! Mais avec joie ! D'une pierre, deux coups ! Aucun souci ! Vous nous avez convaincassé de vos compétences techniques en tous genres, et nous avons également besoin d'un instructeur pour notre petite Louise, si vous le voulationnez bien… *À la grand-mère :* Allez mamie ! Ouste ! Tu nous feras des vacances !

LA GRAND-MÈRE : *se lève du fauteuil et tournoie en sautillant* : Youpiiiii !

En même temps :

ARCHIBALD et MARIE-CASSANDRE : Grand-mère ?!

LA DUCHESSE : Mère ?!

LOUISE : Madame ?!

MARIE-CASSANDRE : Eh bien, en voilà des surprises dans ce manoir aujourd'hui !

À Monsieur Dugenou : vous nous réservez la dernière pour le final, Monsieur Dugenou ?

Tout le monde se tourne vers lui.

LE PATRON : *gêné, timide. Il s'approche de Louise, lui prend les mains et dit d'un air grave :* « Louise. Je suis ton père. »

ARCHIBALD : Haha ! Celle-là, je la connais ! *Il l'imite et dit d'un ton grave, comme Dark Vador* : « Louise. Je suis ton père ». *Au patron :* Non, sérieux ? C'est de vous là le film avec les sabres laser et tout ?

LE PATRON : Heu non… Je suis vraiment son père.

LA FUNAMBULE : *comprenant et s'exclamant :* l'enfant cachée de la Baronne de Peisey !

MARIE-CASSANDRE : Mère, vous nous confirmez avoir recueilli Louise à la demande de votre amie la Baronne de Peisey il y a environ 30 ans ?

LA DUCHESSE : Effectivement, c'est tout à fait cela… mais alors... Oh ma Louise ! Quel bonheur, ma petite ! Comme mon amie serait heureuse de vous savoir réunis ! *regardant Monsieur Dugenou :* son grand amour interdit et *(regardant Louise)* la chair de sa chair…

ARCHIBALD : Finalement l'instructeur patibulaire… ça va être ton père !

LOUISE : Hou là là… ça fait beaucoup de choses à intégrer tout ça… je crois qu'on va devoir détailler cette histoire tous à table avec le dessert. Nous avons plein de choses à nous raconter !

Louise part en cuisine. Chacun essaye de s'asseoir, la Dompteuse sur les genoux d'Alexis.

LA DUCHESSE : Je n'en reviens pas !

LA GRAND-MÈRE : *toujours debout, faisant des pas de danse :* Moi non plus ma fille ! Moi non plus ! Je vais réaliser mon rêve, je vais être danseuse professionnelle dans un film !

MARIE-CASSANDRE : Allez, mamie, tu nous entourloupes depuis combien de temps ?

LA GRAND-MÈRE : Haha, c'est mon secret ! Mes petites surprises !

Louise revient de la cuisine avec un énorme flan, se prend les pieds dans le tapis et... renverse tout sur la tête de Mlle Biscotte !

LOUISE : Oups !

ARCHIBALD : Eh bien, voilà la crème renversée !

Tout le monde éclate de rire.

Rideau.

Imprimé en Allemagne
Achevé d'imprimer en novembre 2023
Dépôt légal : novembre 2023

Pour

Le Lys Bleu Éditions
40, rue du Louvre
75001 Paris

www.ingramcontent.com/pod-product-compliance
Lightning Source LLC
Chambersburg PA
CBHW062344010826
49168CB00024B/252

* 9 7 9 1 0 4 2 2 1 6 3 3 7 *